印 顺 法 师 佛 学 著 作 系 列

青年的佛教

释印顺 著

中华书局

图书在版编目（CIP）数据

青年的佛教/释印顺著. —北京：中华书局，2011. 10（2022. 11
重印）

（印顺法师佛学著作系列）

ISBN 978-7-101-08060-5

Ⅰ. 青… Ⅱ. 释… Ⅲ. 佛教-青年读物 Ⅳ. B94-49

中国版本图书馆 CIP 数据核字（2011）第 127163 号

经台湾财团法人印顺文教基金会授权出版

书 名	青年的佛教	
著 者	释印顺	
丛 书 名	印顺法师佛学著作系列	
责任编辑	陈 平	
责任印制	管 斌	
出版发行	中华书局	
	（北京市丰台区太平桥西里 38 号 100073）	
	http://www.zhbc.com.cn	
	E-mail：zhbc@zhbc.com.cn	
印 刷	三河市鑫金马印装有限公司	
版 次	2011 年 10 月第 1 版	
	2022 年 11 月第 2 次印刷	
规 格	开本/880×1230 毫米 1/32	
	印张 5½ 插页 2 字数 110 千字	
印 数	3001-4000 册	
国际书号	ISBN 978-7-101-08060-5	
定 价	30.00 元	

"印顺法师佛学著作系列"出版说明

释印顺（1906—2005），当代佛学泰斗，博通三藏，著述宏富，对印度佛教、中国佛教的经典、制度、历史和思想作了全面深入的梳理、辨析与阐释，取得了一系列重要学术成果，成为汉语佛学研究的杰出典范。同时，他继承和发展了太虚法师的人生佛教思想，建立起自成一家之言的人间佛教思想体系，对二十世纪中叶以来汉传佛教的走向产生了深刻影响，受到佛教界和学术界的的高度重视。

经台湾印顺文教基金会授权，我局于2009年出版《印顺法师佛学著作全集》(23卷)，系统、全面地介绍了印顺法师的佛学研究成果和思想，受到学术界、佛教界的广泛欢迎。应读者要求，我局今推出"印顺法师佛学著作系列"，将印顺法师的佛学著作以单行本的形式逐一出版，以满足不同领域读者的研究和阅读需要。为方便学界引用，《全集》和"系列"所收各书页码完全一致。

"印顺法师佛学著作系列"的编辑出版以印顺文教基金会提供的台湾正闻出版社出版的印顺法师著作为底本，改繁体竖排为简体横排。以下就编辑原则、修订内容,以及与正闻版的区别等问题,略作说明。

编辑原则

编辑工作以尊重原著为第一原则,在此基础上作必要的编辑加工,以符合大陆的出版规范。

修订内容

由于原作是历年陆续出版的,各书编辑体例、编辑规范不一。我们对此作了适度统一,并订正了原版存在的一些疏漏讹误,主要包括以下几项:

1. 原书讹误的订正:

正闻版的一些疏漏之处,如引文、纪年换算、人名、书名等,本版经仔细核查后予以改正。

2. 标点符号的订正:

正闻版的标点符号使用不合大陆出版规范处甚多,本版作了较大幅度的订正。特别是正闻版对于各书中出现的经名、品名、书名、篇名,或以书名号标注,或以引号标注,或未加标注;本版则对书中出现的经名(有的书包括品名)、书名、篇名均以书名号标示,以方便读者。

3. 梵巴文词汇的删削订正:

正闻版各册(特别是专书部分)大都在人名、地名、名相术语后一再重复标出梵文或巴利文原文,不合同类学术著作惯例,且影响流畅阅读。本版对梵巴文标注作了适度删削,同时根据《望月佛教大辞典》、平川彰《佛教汉梵大辞典》、荻原云来《梵和大辞典》等工具书,订正了原版的某些拼写错误。

4. 原书注释中参见作者其他相关著作之处颇多，为方便读者查找核对，本版各书所有互相参见之处，均分别标出正闻版和本版两种页码。

5. 原书中有极少数文字不符合大陆通行的表述方式，征得著作权人同意，在不改变文义的前提下，略作删改。

印顺法师佛学著作对汉语佛学研究有极为深广的影响，同时在国际佛学界的影响也日益突出。我们希望"印顺法师佛学著作系列"的出版，有助于推进我国的佛教学以及相关学科的研究。

中华书局编辑部
二〇一一年三月

目　　录

青年佛教运动小史

青年佛教参访记

高级佛学教科书

青年佛教运动小史

——《青年佛教与佛教青年》之上

一 舍卫城的佛教

释迦牟尼佛,在舍卫城的祇树给孤独园。

舍卫,是憍萨罗王国的首都。祇园在城南五、六里;一片空旷的园林中,建筑了淳朴、宏伟的精舍。中间有一所高大的讲堂,窗户是东向的。讲堂里,有的是空气、阳光,其他什么都没有。白石平铺的地上,洁净得一尘不染。讲堂的空寂,显得它分外宏壮了。讲堂的两边与后方,疏疏落落的有些小型的别院(千二百五十比丘的宿舍)。沿讲堂前的直道走去,那夹道的古木,苍老而屈曲的,三三两两矗立着。树下,也偶然点缀着柔靡的小草,在微风中颤动,从嫩绿色的草叶下露出香艳的鲜花。蓦直的前去,迎面是枝叶扶疏的尼拘陀林。密密的树干,大的也不知有几抱大!听说其中最大的一棵,可以容得下五百人乘凉呢!树上,小鸟在歌唱;树下,来往的行人在休息。清凉,真是印度民族的乐国!丛林中辟出了平坦的大道,建着叫做"特勒特"的山门,刻有浑朴而生动的浮雕。右道上,浮雕了释尊的观耕图。左道呢,是美丽的天堂。宏敞的中道上,是菩萨的本生谈。两旁石柱的顶上,有两个跃跃欲飞的夜叉,真诚地对面拱卫着。宏伟、淳朴、清凉,这祇园的一切,象征着佛教的一切。

二　佛教的新都

释迦佛的教化,不断地在祇园流布。和暖的春风,把它散布到世间的每一个角落。

参加祇园法会的佛教徒,有称为菩萨的,十分之九是在家的信徒。他们是世间的有力者,是世间的眼目、冠冕、光明。他们是实行普贤行的成功者:见佛,闻法,智光彻了世间的实相,弘布佛陀的正法,适应世间从事不同的工作去拯救人类。有称为声闻的,在佛的教化中出家,体证了如、法性、实际,解脱烦恼的系缚,不再受生死的苦痛。他们在世间,没有丝毫的系累;澄静的禅思,虚空一般的明净无碍。还有叫做世主的——世间的统治者,就是天神、龙、罗刹、夜叉们。印度的群神接受了佛的教化,忏悔自己过去的一切。他们不再把世间看做自己的创造物,不再生杀任性地支配人间,不再荒淫醉逸地纵欲,不再嗔忿、骄慢、狠斗,不再吸食人类的血肉;专心一意地立愿护持佛教,悲悯利济世间的众生。

菩萨、声闻、世主,他们的风格尽管不同,可是"佛陀的一切是至高无上",这不但是菩萨,就是声闻也在深深地信仰。世主们特别的真诚了! 在不舍世间的第一义的见地上,从佛教中得到了新生。他们立愿要负担这佛陀救世的家业,继承佛的血统,做佛的嫡子。这样,不同风格的菩萨、声闻、世主,是在不约而同的一个目标前进了。大家一致地追求、思考:佛陀的一切,到底是怎样的? 难信、难解、难得开显的一切,这除了佛陀的悲愿,唯有在贤师良友的训导中,生起纯洁的信心,养成明确的理解力,坚定希圣成佛的宏愿:唯有这样,才有充分开显的可能。这从不同区域来的,说着不同语言的,程度不齐而有不同性格、要求、工作的他们,一致为佛教的真理而努力。一致地追求、考虑,热望能从如来悲愿的正法中,显出如来的果德,本行的菩萨道,成佛、说法等一切的真相。思考,渴望,一心一意地继续着。

　　新的时代到来,宏伟、淳朴、清凉的祇园,出现了宏伟、华贵、辉煌、微妙的佛教新都。宏旷得不见边际的金刚宝地,到处充满了珠花。地上,矗立起崇高的宝楼阁,看去像密接了美丽的天堂似的。众宝庄严的琉璃柱上,造了阎浮檀金的楼阁。远远地望去,宝楼中的光明,照耀得白日无光。有回廊,有卍字形的栏杆,有碧琉璃的窗子,有白玉的阶级。还有,回廊上与楼阁中,有宝玉的天神像,三三两两地点缀着。宝玉的天像,太生动逼真了! 如果老眼模糊,那简直要把这佛教的新都,错看做神鬼的世界了。立锥形的阁顶,高高地矗破云天,怕少有望见真相的吧! 楼阁的门口,挂起了宝光灿烂的幡幢。门外砌着金、银、琉璃、玻璃的阶道,还筑着宝栏。在这宝阶上眺望,只见广博的大宝林,一望无际地向前展开。珍宝的大地,四周围绕着曲折的宝垣。宝林里密布着四通八达的直道,又广大,又平坦。七宝的多罗树,一列列地分布在路旁。还有错综交流的香河,香水满满的,清澈洁净得可爱。或平流,或激流,或旋转的回流;怒涛与微波,流出微妙的法音。各色的宝莲花,在香水中荡漾。岸上,高大繁荣的宝树,正开出香艳的宝花。一列列的琼楼玉宇,隐隐的在宝林深处。郁郁的清香,形形式式的宝幢,充满在宝林中。浮云、彩霞般的香树、乐器、珠网、楼阁、宝座,……美丽堂皇的天宫,也隐约地在空中出现。神世界的世主们,合掌低头地倾向这佛教的新都,赞美佛陀的伟大。

宏伟、华贵、辉煌、微妙的佛教新都,象征着佛教的一切! 佛教的信众们,一心一意地渴望、思考,到底从佛陀悲愿的正法中,显现了佛陀行果的真相。崭新的祇园,是佛教新精神的表现。从宝阁中瞭望到十方,世界的每一佛教国,都与新祇园一样。宏伟、华贵、辉煌、微妙的祇园,是印度佛教的新都,世界佛教的肖影。真佛教的新生,确是值得颂赞的!

三　世界佛教青年大会

佛教的新都,实行法付法臣、法王无事的制度,一切佛事由五百位学德崇高的大菩萨,组织了和合僧团去处理。这里面,自然是分工合作的。从工作的性质上,分为两大部:一叫宣(传)教(育)院,负宣扬教化的责任,院长是一位青年思想家,擅长宣讲而富于感动力的文殊师利(妙德)童子菩萨。另一个叫行愿院,负责执行艰巨的利他工作,院长是愿宏行健的普贤菩萨。对真佛教的新生运动,二大士确是做到了意和同悦,没有一些隔碍。在某次大众和合的常会里,彼此交换意见。大家觉得真佛教的新生,正迅速地普及到各方;每个佛教国的菩萨行者,也正向这个目标走。事实上,有召开世界佛教青年大会的必要。与世界佛教青年们相见,这固然是快事;让世界的佛教青年,深切地认识祇园——也就是佛陀的真精神,报道各佛教国的特殊适应,提供正确的意见,这在佛教新都本身看来,也确是有深长意义的。这个提议,获得了一致赞成,立刻转达到佛陀的本怀。寂然不动,感而遂通,世界的佛教国都接到了从佛教新都发出的世界佛教青年大会的邀请书。佛教国的青年们,对释迦牟尼佛的新都,早就有心来瞻礼,并且不时地想念着,现在得到了邀请,大家都充满了愉快与热诚,踊跃地来参加。十方的佛教国都组织了庞大的代表团,由一位大菩萨——主席代表领导而来。空手来预会,未免有点轻率,那么大家都把自己心血所创作的名贵艺术品,如菩萨本生像,释尊成道图,法轮,须弥山的模型,法音常流的乐器,庄严的楼阁、旛、幢;这一切,都由各方代表亲自运来,永久地供养在佛教的新都。祇园里,新添了多少的宝楼阁与宝座,绕在大宝楼阁的四周。来会的菩萨,按着本国的方向坐定,群星拱月式地向着大宝楼阁。佛教的新都,佳宾云集,显得分外的宏伟、华贵、辉煌。盛况空前的大会,在庄严、和平的空气中进行。

我们该没有遗忘吧!祇园还有耆年的声闻呢!老上座们本来也深深地仰望佛陀,但他们没有培植深厚的善根,厌离人间,所以不想发菩提心,不想教化救济一切众生,不想净化这浊世,不想从大行难行的实践中去成佛。声闻行者与佛陀有很大的距离,对佛陀圆备的真谛,也就永远是格格不入。祇园出现的新时代,他们是不闻、不见的。他们的所闻、所见、所想念的,依然是宏伟、淳朴、清凉,空寂得一无所有。夹道的古木,照样的苍老、屈曲,三三两两地矗立着,俯视地下柔靡的小草,分外的雄健、高傲。他们经常在清凉的尼拘陀林经行、坐禅。出现的新事实,一切与他们无关。这与来会的世界佛教徒对比起来,真是有缘千里来相会,无缘对面不相识了!为了这个,佛教的青年们为他们难过,痛惜他们不能在这真佛教的新生中有所贡献。也曾用善巧的方法去教化他们,但结果还是一切与他们无关。长老们是不属这世间的!参加大会出来的佛教青年,传出一个幽默的公案说:从前,佛陀曾经赞叹智慧第一的上座舍利弗,能够作狮子吼。舍利弗的信徒们,也常常这样的引以为荣。因此大智文殊师利菩萨,特地骑着一匹青毛狮子。还有神通第一的上座目犍连,有一次在猕猴江边坐禅,林子里的野象哮吼,居然打动了他的禅思。这故事传到了祇园,大行普贤菩萨就骑着哮吼的六牙白象。青狮与白象在祇园中往来,但上座们还是吾行吾素,不见不闻。耆年的声闻,竟是那样的不动心呀!

　　且不谈这些,佛教的新都开始举行盛大的会议了。大会中唯一值得赞美的,是充满了融洽无碍的精神。来会的代表,在一切上都表示了祇园与诸方佛教国息息相通的交流,是不能分割的。世界佛教是祇园的扩大,祇园是世界佛教的肖影。佛教是无限差别而一贯的,应该意志集中而真诚地倾向祇园。其他,像不空谈、不闹意见,这倒都是佛教的传统精神。大会的程序与世间的会议有些不同:第一、先让佛教国来会的菩萨们,深深地观察祇园,理解祇园的真精神。这比报告之类,确要彻底得多。然后由各佛教国的主席代表,表示他们对祇园真佛教的理解与希望。第二、由行愿院院长普贤菩萨,根据佛陀完美的行证,作成菩萨普贤行大纲,在大会中披露。第三、由青年宣教师文殊菩萨,发表宣教的中心,在阐扬赞美佛陀的大行极果,也就是揭示真佛教的崇高目的。第四、大会综合了一切,针对现实,通过了一个《告佛教青年》,颁布各方,作为佛教青年的指南。末了,大会宣布:青年佛教的真精神,在乎精进不已,所以大会不再举行散会式,以表示世界佛教青年的努力不已,更表示世界佛教徒的和合,直到永远的永远。

四　告佛教青年

真佛教之新生,佛教青年事也!发微则严祇园之新都,普应则来十方之大集。耆年者不闻不见,悉吾青年之精诚有以致之。佛陀之真谛,在以大悲为入佛之门,从事"利益众生"之事业,以"摄取众生"而化之于中道,此发心之青年已知之矣!夫真佛教之圆成,难责之于耆年,实唯青年之力行是赖。青年所负之责重,则所望于青年者大,圣大众仰体佛陀之悲怀,略举二事为吾青年言之:

一、净化自我:佛教之青年,应确立"光明"之人生观,求于身体力行中实现之。化自我为光明之超人,进而与光明之佛陀相契合。举其目,一则严其身也:青年应养成宏伟都雅之"身"仪,"于世间殊胜",能为众所"尊重"。二则端其志也:福乐如"天宫",犹为"无常"苦切之所坏,青年不得拘恋于物欲(离凡夫

行)。知"一切法如梦",为性空无我之缘起,实无生死可厌,涅
槃可求(离声闻行)。得无常无我之正见,立"菩萨大愿",愿为
一切众生而"受生"死(是菩萨行)。三则充其学也:真佛教首重
为人,而青年应"为一切众生而学"。"施"舍所有,敦行"净
戒",任劳"忍"怨,勇"进"无伦,明净坚"定",深见佛"慧":六度
乃学德之宏纲,不学何以为人! 然求利他之实行,尤贵有"求法
能舍身","问法无厌"之精神,而为广博之修学。如"知时"代,
乃足以"应"世求;知外学,乃能"制诸外道";"知一切工巧明",
乃能为世间之利济;"知众生诸根、烦恼、习气、种种业报",乃能
为"开悟"一切众生之实益。四则健其行也:青年立本于"大
悲"、"大愿",以"智慧"、"方便"摄取众生。虽入"天宫"而不为
欲乐所惑,"往地狱"而不为苦痛所乱。有"不可沮坏"之雄健,
直往无难,亦不为他所转,而后能随感而往,无往不化也。

　　二、利济人群:佛教青年应分化诸方,然与佛教之新都,则宜
保持密切之联系,务使上下交流,中边无碍,成"不离宝阁,普现
十方"之行。言其要者,身则青年得以不同之"身"份,出"现"人
间:如宗教师(佛教之"声闻",外道之"婆罗门","苦行"者),
"良医","商人","净命"(独身者),"伎乐"(艺术家),"奉事"
(臣仆),"工巧技术"者等。处则青年不得隐遁山林,宜往"城
邑、聚落、京都"等地,以化人群。法则或以"身相"、"威仪"为
教,示以正常之行;或教以"语言法","世间工巧事业","一切
智"学,因果"业报","十方国土"等。于此,犹有欲为佛教青年
言之者,利他不务空谈,应即己所行以"成就一切众生",摄众生
以归佛教之新都,圣大众于此有厚望焉! 青年其勉旃!

五　青年宣教师

　　紧接着大会圆满,祇园的宣教院就发动了一个"佛教宣传年"。一面领导各佛教国,作一致而有效的普遍宣传,一面觉得直隶祇园的印度,特别是南方,工作还嫌不够。而且,南印度民族在兴起,也正热待青年佛教去教化他。结果,组织了一个"南方巡回宣教团",由文殊菩萨领导了同行(从事宣教工作)者,向南方的人间游行,从事宣讲、考察、督促等有关宣教的一切工作。他们是辞别了佛教的新都出发了!

　　在这里,顺便谈一谈这位青年宣教师。真佛教,现在是侧重在大悲为门的人间救济,理论上早已深确地决定,所以负着实际重任的是普贤,文殊却不过担任宣传而已。可是佛教青年的学佛,不单要实行,还需要正确的真知灼见。缘起性空的正见,配合着大行宏愿的光明人生观,才是正常的。关于缘起性空的圆满开显,在种种经典上看来,无疑的是文殊菩萨的功绩第一。所以文殊菩萨不单是宣教的雄辩者,还是智慧渊深的思想家。这位体魄宏伟、容光焕发的青年,骑着狂吼的狮子,手拿犀利的宝剑,他是怎样的雄健强毅呀!文殊菩萨不是印度人,是从印度东北的清凉山善住(菩提心)城来的。据一般学者的考证,清凉山就是现在中国山西省的五台山。那么,在真佛教的新生中,中国是写着最光荣的一页了!

六　参加大乘佛教的青年比丘

巡回宣教团出发,得到了一个意外的收获,就是不见不闻的耆年上座,也有点感觉了。智慧第一的舍利弗,自证了"生死已尽,所作已办",再没有什么可学可做的,这自然不会向大智文殊低头。可是,看上座们老成凋谢,信众一天天地减少,淳朴的佛教,也觉得有点收拾人心不住。青年们新出现了菩萨佛教,反而一天天发达,现在竟然要弘扬到南方去。想到自己负了维持佛教的重任,是"逐佛转法轮将",不也该到南方去游化吗!况且宣教的方法,也还多少可以采取一点青年们的作风。舍利弗想定了,把意见向弟子们宣布。那出家未久的六千比丘,一个个捉筹赞成,大家都说:"和尚!你老真不愧智慧第一!这办法太好了!到各处去宣讲,本来弟子们也曾想到过,只是整天的要在山门里坐禅、经行,和尚又总是说生死事大,弟子们也就开口不得。现在和尚提议,真是知时达变,我们也来组织个宣传队吧!"舍利弗听了,望了大家一下,慢慢说:"个人的生死第一,住持佛教,作人天眼目,功德也不可思议。你们总是青年气,动不动就要闹什么会,什么团。大家切不可误会,宣讲是宣讲,生死大事一点放松不得!"弟子们听了,不好再说,只有那个若愚比丘,自言自语地又说了一句:"和尚生死已了,功德有什么相干?何苦去游行教化,白费神!""愚人总是多嘴的!"大家不再理会他,说走就走,六千零一个比丘,跟踪了文殊向南方游化。

渡过了恒河,在一个旷野中,赶上了宣教团。舍利弗远远地望见了,不觉地暗暗点头:"怪不得! 怪不得!"立刻转身向弟子们说:"大家看呀! 前面不就是文殊他们么? 文殊的身相庄严,容光焕发,单就这点,也够人发生好感了。何况他还有著名的慧光呢! 他走着平正的大道,是何等的福慧尊严! 他的功德像树上累累的果实,这难怪世主们也要向他低头。他的宣教工作那样的成功,不是偶然的,你们也得观察观察,跟他学一点才好!"这一下,可合上青年比丘们的心愿了。原来在祇园的时候,弟子们上城去,或者到施主家里,早就见过文殊菩萨,听过他的宣讲,受了他的感化。只是祇园的长老们,在思想行动上约束得严格,青年们初学,不敢公开地表示出来。现在和尚也赞叹文殊菩萨,还叫他们去学习,这真是欢喜得要跳起来。大家连忙说:"和尚! 你老的意见,弟子们绝对服从! 不过,这还得和尚领导我们去才行!"于是师徒们就快走一步,赶上去。舍利弗先过去,勉强地点点头,笑笑说:"文殊! 你们路上平安呀! 你看! 这么多的青年,想见你谈谈呢!"文殊还没有答复,青年们早就过来敬礼。大家合了掌,由若愚比丘代表说:"圣者! 我们这一群青年,太幸运了! 居然得到了这个礼见的机会! 圣者! 我们的来意,和尚是知道的,就是想在这次礼见中,学得像圣者那样的身相严净、音声巧妙、威力自在的功德。圣者慈悲,总不会遗弃我们吧!"文殊菩萨听了,诚恳地说:"青年们! 像我这样,这算什么呢? 要是你们能确立一种不厌倦的广大心,那就成佛也不难!"文殊菩萨一望,见舍利弗早在路边的一棵大树下坐禅,比丘们默默地等着,这才又接着说:"这就是说,青年要建立崇高伟大的目标去追求它、实现它。你们要学佛陀那样的至高、无

上！修集善根,见佛闻法,学六波罗蜜,这都要学而不厌。历受
生死的苦痛去教化众生,严净佛国,随时随地地去行菩萨道,这
都要为人不倦。不断地向上,不断地前进,在广大心的精进中,
是不能容许厌倦的。青年们！解脱生死是不错的,但不能专为
自己的生死打算而厌倦了一切。把你们的心,移到利益众生上
去吧!"这不厌倦的广大心,针对着年声闻道的急求自证,深深
地印入每个青年的心坎里。大家得到了无碍清净的慧眼,深刻
而正确地了解了佛陀的真谛,一致接受文殊菩萨的慈训,发起广
大的菩提心,立愿参加青年的大乘佛教。文殊菩萨又指示了他
们怎样的去从事利他的普贤行,然后领了宣教团,向南方前进。
六千个青年比丘,也都身心清净地向十方去利济众生。唯有路
边那棵大树下的舍利弗,照旧地默然入定。

七　大乘佛教到达了南方的人间

　　巡回宣教团到了南印度的福城,这是南印与东印交界处的
大城,在孟加拉湾西岸。宣教团到了福城,住在城东庄严幢娑罗
林的大塔寺。这是佛教的著名圣地,是为纪念释尊而修建的。
释尊的深行伟业永远留在人心深处,所以圣地大寺也就受着千
万人的赞叹瞻仰。隔一天,文殊菩萨就在大塔寺开讲《普照法
界经》。每天来寺听经的,真是人山人海。这样的盛大集会,在
福城还是空前第一遭呢！听经而受感化的,或者离恶行善,或者
发利他的菩提心,要算龙族特别多。龙王、龙子、龙女的性格,是
暴戾,是睚眦必报,一点不如意,就要任性地残杀,全不顾人类的

水深火热。这在悲济为本的真佛教,自然要特别的多多去教化他。其他归依佛教的,也着实不少。法会圆满了,文殊菩萨们预备动身。消息传到城里,归依三宝的优婆塞、优婆夷,天真纯洁的童子、童女们,忙着出城来送行,自然也还想听法。文殊菩萨见他们来了,尊严而慈悲地安慰他们,开示他们:"你们不要因我们去了,心里难过,你们要多多地忆念佛陀的崇高、伟大、圆满!"文殊菩萨善巧地赞叹解说了佛陀的广大行果,激发他们的尊敬心、景仰心。这个临别的开示,收了很大的效果,多少优婆塞、优婆夷、童子、童女们,发菩提心,加入了大乘佛教。文殊菩萨领了团员们,在信众热烈的欢送中,又向南方去了。

青年佛教参访记

——《青年佛教与佛教青年》之下

一　青年的参访者

金黄色的夕阳,从娑罗林的一角,斜照大塔寺的红墙碧瓦。半天的紫霞,半轮淡月,在一缕缕的炊烟中,描出了美丽的图画。盛极一时的大塔寺,这时候又回复了平时的一切,照样地敲着断断续续的晚钟。山门外有一位十六、七岁的青年,悄悄地立着。他的体格容貌,是那样的强毅、和蔼、英明!一身洁白的衣服,越发显出他的真诚与纯洁,像清水池中的新艳的莲花!他望着紫霞半月,眺望那大道的尽头。天色快黑了,他还在望着、想着。

孟加拉湾沿岸的福城,在两千年前,早已是船舶云集的通商海口了。商业的繁荣增进了居民的财富,福城人真是有福的。城中的首富,是一位著名的出口商,大家称他为福德长者。长者在晚年得了一位爱子,今年已十六岁了。孩子诞生的那一天,家里又添了几个库,能相会卜的婆罗门连忙说:“恭喜长者!恭喜!恭喜!这是婴儿的福德,发财的吉兆,应该取名叫善财。”

善财童子的名字,就这样的被传开了。善财长得壮健、活泼、真诚、聪明,长者欢喜得得了活宝似的。不过有一件事常使长者耽心,就是他不爱听"发财",简直有点厌恶。他满意想做一位真理的商人,采集种种善法的财宝,供给那爱好真理的人们。这实在太使老人家伤心了!为了这,也曾流过许多眼泪,但有什么用呢?好在他还年轻,想来加上几岁年纪,就会渐渐转变的。善财在学塾里读书,也常去听哲人们宣讲,像大塔寺就是经常来去的。这一次文殊菩萨来宣讲,使他发见了人生的真义。世间充满了缺陷苦痛,为自我的占有而追求,这努力的代价是什么?佛陀是伟大的!声闻的独善行,还不够理想;值得赞美接受而实行的,唯有菩萨的普贤行。这样,他在大会中站起来,立定成佛的大愿,决心学习菩萨的大行,救济众生的苦痛,一直到成佛,成佛去救济众生。

　群众忙着欢送,善财也跟着欢送。眼看宣讲团从大道走去,渐渐的远了,不见了。信众们这才欢天喜地的,也有愁眉苦脸的,忙着赶回家去。善财望着大道,开始感到了孤独彷徨。学佛行菩萨道,这不该单是心中的理想、好听的辞句吧!到底怎么行呢?……这早晚该回家了!他们不是都走了吗?算盘、戥子、账簿、金银、货物、吃喝、交游,父母的慈爱,奴婢的尊敬,大人先生们的好意,……忙着为家庭的财富去经营享受。……不,聚敛做什么?每年提出一分来布施,真是自他两利了!……论理,欲乐的享受,是刀头的蜜,不如闭门学道。不知有没有享乐的菩萨道?……善财的思潮,浪也似的涌上心来。身旁的一切,什么都忘了。心里想:宣讲团去了,回家吧!……好自欺!菩萨道到底怎么行呢？他们走了,难道就算了吗？为什么不请教文殊菩萨？他不是还在不远的前面吗？……家庭,财富;文殊,成佛;我有两个手,却只有一颗心,到底要选择哪一样呢？……大塔寺的晚钟,唤回了乱想中的善财。善财抬头一看,哦! 金色的阳光,染成了华美的紫霞,世间的一切是美丽,是多么令人陶醉呀! 那边是一缕缕的炊烟,蒙蒙的暮色。不,……是的! 金色的光明,华美的紫霞,他们确是在炊烟暮色的黑影中颤动了。明净的淡月,露出了笑脸。前面是大道,文殊菩萨们是从此去的。家呢,向后转。大塔寺的晚钟声,使善财的心潮渐渐地安定了。世间充满了黑暗,明月是唯一的安慰! 不再做家庭的囚人、财富的奴隶,踏上月色明净的大道,见文殊菩萨去。

在明净的月色中走了三四点钟,见前面林子里透出一片光明来。善财想,这一定是宣讲团的下落处了。满心欢喜地走上去,果然见文殊菩萨在林下经行。明净的月色,文殊的圆光,照得树叶也闪闪发光。文殊菩萨见了善财,就说:"善财! 发菩提心是难得的! 从菩萨大行的学习中,去完成崇高的志愿,那是难得的难得! 你来了,好! 善财! 你要为大乘佛教的普贤行而努力,你将要和我一样的被人称美为永久的童年!"文殊菩萨的安慰勉励,使善财充满了喜乐与光明,白天的烦扰疲累,什么都忘记了。行过接足礼,这才合掌说:"圣者! 你是知道的,我是三界流转的苦恼者,与一切众生同样的受着世间的束缚。我要解脱,更愿意众生得解脱。圣者! 我要知道应该怎样学菩萨行,修菩萨行,怎样的去发动、充实、扩大、满足菩萨的普贤行。圣者! 希望你能够教导我,使我明白大乘普贤行的一切!"文殊菩萨在平正的大石上坐下来,这才对他说:"广大的普贤行,不完全是说明的。长篇的理论,精密的方案,常是空虚而形式的。这需要一面学,一面行,在身体力行中,才能得到真实的参学。你想我给你说明一切吗? 不过,你要学普贤行,我可以教你一个基本方法,就是要从参求善知识着手。要有广大的无厌足心,求之若渴,不断地去参访学习。除了明眼的师友,什么都不能引你走入正道。""哪里有真善知识可以参访呢?"善财感到很大的困难说:"圣者! 我不是说没有,是说我没有辨别的力量,不容易决定他是善、是恶。并且,学行也该有个本末,应从紧要处行去,这还是请圣者的指导吧!"文殊菩萨点头说:"善财! 这倒也是真的。你该牢牢地记着:求见善知识,是走上普贤行的不二门。善知识的教诲,要切实去行。此外,要从善知识的学力、德力、实行中,发见他的伟大,去尊敬修学,切不可吹求师友的过失。参学的目的,是为了自己的不能不会,不在这上面着想,却从不相干的地方去议论或者不满老师,这世间能有多少老师值得学呢? 总之,不可吹求善知识的过失,这是参访的第一义。你现在既还不能辨认,我不妨给你介绍一位。离此地不远的南方,不是胜乐国吗? 胜乐国的妙峰山中,有一位德云比丘,你去参访修学,一定能满你的愿。善财! 去吧! 这是半夜了,世间的一切,都昏昏地在黑暗中睡着,睡得像死去了一样。去吧! 你该走你应走的路了! 善财! 我今天很欢喜,因为你将要与我一样,被人称美为永久的童年!"善财听了,满心欢喜地流着热泪,礼别了文殊菩萨,开始他青年佛教的参访生涯。

二　老实念佛

　　青年佛教的参访者——善财,接受文殊菩萨的教诲,要去参访青年佛教,从实习中深入青年佛教的各部门,认识它的各个侧面。心里想,只要拿出不厌不倦的精神来,多多地去参访,不但可以满足自己的学程,就是佛教的真面目,也不难得一个圆满的了解。善财这样想,所以听了文殊菩萨的指导,就立刻向胜乐国妙峰山来。妙峰山是频阁耶山的一环,在千山万壑的起伏中,耸立起信智和合的妙峰。妙峰山,其实是双峰,不过在双峰的高处,却合为一山。所以山腰以下,壁立的岩石左右相向,形成天然的山门。"双峰接引尘劳侣,一道升登解脱门",这到了青年佛教的山门了。善财在妙峰山中,到处去访问,总是不知德云比丘的下落。一直到第七日,在高山顶上会见了他,他正在缓步经行。善财恭恭敬敬地过去,行了礼,申述自己的来意,末了说:"文殊菩萨介绍我来这里,亲近大师,望大师不吝慈悲,多多地开示我!"德云比丘照样地缓步经行,慢慢地说:"真难得! 你能为了菩萨的大行,千山万水到这里来! 我所知道的,只是我自己所实行的,就是信眼明净的普见念佛解脱门。所以我要对你说的,就是你要老实念佛。""哦!"善财口里答应,心里却有点希奇。"善财! 你不要误会啦! 念是内心的明记不忘,既不在数珠上,也不在口头上。像我这样的缓步经行,正念观察,便是念佛的榜样。念佛,目的在见佛,这需要有信心,有智慧。有了净信与明慧,才能在正念中明见佛陀的一切。你知道吗? 信心是诚挚而纯洁的,唯有澄净,才能明彻,明彻才能现见佛陀的一切。秽浊与动摇,智慧是绝缘的,这你该是已经听见过的。有人说:'佛法大海,信为能入,智为能度。'这确实是至理名言。我自从深入了信智和合的正念,就再也不忘记念佛,念念常见一切佛。诸佛的身相、神通,众会的庄严、佛光、佛寿,佛陀怎样地适应众生去成佛、说法,这形形色色的一切,都历历明见,如在眼前一样。我所知道的就是这样。"那时,善财在德云比丘的背后,照样地缓步经行,在明净的正念中,作面见佛陀的体验。

沉寂了许久,善财又请问说:"大师! 多谢你的开导! 我想菩萨行该是无边的,不单是念佛一门吧?""我也没有那么说。一味念佛,哪里就会成佛呢? 不过,菩萨初发心学佛,常是动摇而不定的。要达到菩提心的坚固不退,唯有从忆念佛陀的伟大入手。凡是能明见佛陀的,他的信念一定是坚定的,必然的能勇往直前去行菩萨行。念佛是入佛的初门,我的本意是如此。每一个大乘学者,都应该先从三学中去确立三原则,正信三宝,才能广行菩萨道。从净定中做到不离见佛,确树菩提大愿像我所说的,是第一课。此外,还要从明慧中去多闻正法,深入般若;从净戒中去入众无碍,养成入世的悲心。你既然要普遍地深入,那么就请你穿起草鞋来,再向前参访去。南方的海门国,有一位智慧如海的海云比丘,可说是现代唯一的佛学大家。你向他请教,他一定能使你开发大乘的慧光,满足你的一切。"善财听了这番宏论,加上内心的体证,真是感戴到极点。为了进一步的参访,这才礼别了德云比丘,又向南方前进。

三　佛教的名学者

海云比丘,在佛教中并不是生疏的。他献身学问,专心地深入法句(文字),在佛教思想的研究发挥上成绩卓著,不愧为一代的名学者。某天上午,善财来参访他。海云比丘开了窗明几净、面临大海的海藏楼,出来与善财相见。善财叙过了久仰德学,专诚参访的来意以后,接着说:"我是发了菩提心的,想深入一切智海。但觉得舍离了世间的生死,想不落小乘的蹊径,行菩提道,入如来地,这似乎颇不容易。关于这些,久仰大师是特有见地的,今天专诚参礼,请求多多的开示!"海云比丘微笑说:"我也不过是蠡测之见,但愿意把自己的知见,贡献我佛教的青年。善财!你真的发了菩提心吗?""是的!大师!""好!培植深厚的善根,才能发悲智的大心。那我不妨把自己的学历告诉你。"说着,把手向东一指说:"看哪!这是汪洋的大海。我在此海门国,十二年中不断地观察这大海,观察它的性质、形态、作用。善财!你会吗?"善财惭愧地说:"学人愚昧得很,没有理会观海的奥义,望大师明白开示!""善财!大乘法确是深隐的。它不容许空谈,也不同情守文作解的经师。所以,它是比喻的、象征的、神秘的,它是一幅画,一首诗。要理解它的真义,得拿出超脱的手眼来,从象征神秘的形式中,体会它平实的中道。""哦!那么大师莫非观察十二缘起的生死大海吗?"海云比丘点头说:"对,善财!你是生有慧眼的。我深刻地观察世间相,观察它的甚深广大;从现实的世间,向无限的时空去观测,只觉得它渐深渐广,深广得不可说。这世间是丑恶的,但也有美善的妙宝。世间海中有无量众生的意识流;业浪与爱水,形成色色不同的身相、寿命、族类,色色不同的意识形态。属于世间的众生,住在世间:这其中也有伟大的君子、哲人、英雄。烦恼大云不断地流注业雨,弥漫了整个世间。这世间,不问它是什么,它确是无增无减的。我这样广泛地观察,理解世间是十二缘起的因果,叩开了缘起法海的大门。后来,我作进一步的观察,世间还有比海更广大、更渊深、更特殊的吗?那时,只见海底涌出一茎妙宝莲花来,花、茎、叶、台、须,一切都是妙宝的,弥覆了整个大海。天、龙、阿修罗(世主)他们,都恭敬地供养赞叹。莲花上坐着一位万德庄严的如来。"善财合掌赞叹说:"善哉!善哉!太不可思议了!这又是什么意义?""这自然是大有道理的。缘起相海,是甚深难测的,但还有甚深更甚深、难测更难测的缘起空寂性呢!性空是缘起内在的实性,唯有彻底地深观缘起海,才能洞见它。你以为这是沉空滞寂吗?不是的,凡是能广观世间相的,没有不同情世间;深入缘起性空的,没有不齐死生、等染净。声闻行者不能广观缘起,却想深入,这自然是不堪潮流的冲荡,浅尝而沉没了。广观世间相而深入的,才能不舍世间,又不为世间所拘,开放出大乘的行花。菩萨是不离世间的,却不属世间;这像莲花生长在淤泥中,却净洁得可爱。所以,只要多多的为众生着想,深深地体解性空,就不难从空出假,实行普贤的大行了。表象菩萨净行的莲花,到底是怎样产生的?"善财说:"怕是海底本来就有的!""不!这是反缘起的邪见,莲花是如来无上善根所起的。如来是诸法的如义,通达性空如如,正见性空的如幻缘起,如梦如幻的清净业力,发生菩萨的行花。大行的净业,不能离开空慧,所以是无净法门所庄严、无为法门所印定的。为一切世界一切众生而行无边的大行,这就是莲花的遍覆世间大海了。不论从宗教的或者政治的观点去看,唯有这样的佛弟子,才能受世主们的敬信赞仰。等到菩萨的因花成熟,自然就成为万德庄严的佛果了。"

善财深切地理解说:"大师的深见,学人得益不浅!现实的世间,拘恋不得确也远离不得。不从缘起法海门中作深广的观察,不随波逐浪(凡夫),就是沉没(声闻)。就是想截流逐渡,总不免有心无力。"海云比丘说:"善财!还有啦!莲台上的如来伸出右手来摩我的顶,给我说《普眼解脱经》。""善哉!善哉!彻见遍一切一味的性空,引发大乘的行果,佛陀的一切知见,都流入大师的心海而顶戴受持了!""是的!我确是深刻而详备地领解了。《普眼经》的妙用,可以约略说一点:普眼悟入的空性,是如来境界,与三世诸佛同一鼻孔出气。悟了这,在实行上能引发菩萨的大行;在理论上能阐明诸佛的妙法。它是遍入一切法门的,所以性空能总摄法门的一切。它能净化国土;能摧破外道的邪论;能叫一切众生得快乐;能照着众生所行的,看他们根性的好尚,适应他们,开示他们。这普眼解脱门,简直是深广无边。我用了千二百年的时间,受持、读诵、忆念、观察,但也没有究尽。明白点说:在性空的见地上,圆摄一切,就是资以为生的事业,也不离佛法。总之,众生无边,众生的根性好尚无边,适应而融摄他们的佛法,自然也是无边。""哦!这不怕邪正杂乱吗?像支那的孔、墨、老、庄,印度的婆罗门,或者数论、胜论,如果佛法去适应它、融摄它,广大是广大了,可不免有点不纯粹。""善财!你所忧虑的是对的。但这是神化了的俗人所能了解的吗?这像小孩不肯吃药,把药和在糖果里一样。既然是适应根性的,自然要分别个根本与枝末,常轨与变例;自然要从形式的底里,把握它的真义。庸俗的佛教者,不但在支那是多少儒道化的,印度是尤其神化。如能立足在悲慧的大本上,为实而行方便,那不但印度与支那,就是欧风、美雨,也未尝不光华灿烂,庄严着法界的一角。""这样,大师的佛法,是不限于佛说的了。""没有的事。什么是佛说?不违反佛教真义的一切微妙善语,无不是佛法。所以本人每天的工作,是把从佛领受来的无量法门,一一地深入它;凡是与某一法门相顺的,就把它摄取过来,加以分门别类的研究。不尽不实的,删修它,使成为明净的佛法。演绎引申它的真义,在适应根性的要求下,不断地推陈出新。善财!我不但做这体会阐发的工作,并且每天为人演说,显示它的真义,使它发扬光大起来。常常与人辩论,成立佛法的正义。因此,世间众生来我这里问法的,我都能适应他,引导他深入普眼法门。善财!你今天来了,该不会空费草鞋钱吗!""大师的开示,我是依教奉行的。不离见佛与多闻正法,我总算明白了。但关于入众无碍,还请你慈悲开示!"海云比丘摆手说:"不行!我只能宣说我所了解的。入众,这实在是个难题,让我想想看。有了,离此地六十由旬的南方海岸国,善住比丘在那边弘法,他倒是难入而能入的。请吧!你还是向他参访去!"善财站起来告辞,海云比丘一直送下楼来,目送这位青年参访者的向前迈进。

四　入众无碍

善财走了约合千二百华里的远道,才到了海岸国。在路上,专心忆念海云大师的开示,作普遍而深刻的体察。起初,打听海岸国的路向,一般人都说不知道。好容易问着一位青年,才知海岸国就是楞伽(难往难入)道头,是海舶来往楞伽的渡头。楞伽,是现在的锡兰。在当时,远隔风涛万顷的海洋,说它难往难入,倒也并非过甚其辞。自从善住比丘到这里来弘扬大法,引导众生渡过深广莫测的苦海,同登彼岸,大众感戴他的恩德,特地改名为海岸国。这是新近的事,难怪老前辈有些茫然了。善财到了海岸国,逢人便问善住比丘的住处,大家都说:"大师是无所住的。"善财想:大概善住大师是没有固定住址的,"水边林下,随遇而安"。一天晚上,空中忽然光明普照。善财抬头一看,只见一位仪态万方的比丘,在虚空中来往经行。多少天、龙、夜叉们,围绕他,供养赞叹他。这不是善住比丘是谁?善财一眼看透了善住境界,不觉欢喜合掌地赞叹:"善哉!善哉!佛子是应该住于无住的,这真是菩萨清凉月,常游毕竟空了!"他又向善住比丘说:"大师!我是善财,我是发了菩提心而想进修菩萨行的。海云大师叫我来这里,敬请大师的慈训。大师!菩萨要怎样,才能不离三宝?不离大愿久行去利济众生?像净化世界,圆见佛陀,不住生死而愿意为众生受生死,这要怎样才能做到?"善住比丘在空中,望着善财说:"是的,你是善财。你不是窥见了善住境界吗?可惜你只得一半,不然你的疑问是多余了。

你看我！三千威仪，八万细行，一语一默，一动一静，一来一去，一行一止，什么都如法如律。你该知道，唯有清净律仪，才能与大众无碍相处，教化利济他们。"善财说："那么，大师！声闻行者的戒律，该是入众无碍的不二门了。""这倒也不见得。他们只是拘泥小节，不能体大思精，不能深入缘起的空性，所以触处成碍。他们的大众无碍，只限于出家僧团，不能与一切众生打成一片。不能适应时空的演变，不能下顺众生，是一碍。不能心无所住，不是著在涅槃上，就是在违顺忧喜中过活，不能上契正法，又是一碍。障碍重重，哪里说得上清净无碍？你看我，来往经行，一切都不离性空。你没听说过吗？以无所得，得无所碍。我在律仪门中彻见性空，所以得到了究竟无碍解脱门。不但洞见性空，于心无碍；更能知一切众生，与一切众生无碍。无碍的慧光，能知一切众生的心行；知他们的死生；知他们过去的经历，未来的前途，现在的事业；知他们的语言差别；知他们的根性。我能无碍地知道他，所以能无碍地适应他。应答辩的答辩，应教化的教化，应到哪里去的就去哪里，从没有不合时机的。应作的就作，应止的就止，做到自他无碍，佛法常住，这不是无住中住立一切吗？做到从心所欲的恰好，这不是神通妙用吗？菩萨在无可住中安身立命，发生无作神通。神通是般若的妙用天然，来去出入，无不是神通妙用。我有了无作神通，所以念念不离虚空。在自利方面，到一切世界去供佛听法。在利他方面，一切众生来见我的，我都使他们住在这无碍解脱门中，决定成佛。你不要以为困难，因为我能见他们的优胜与劣点，苦痛与快乐；我就先参加到他们里面去，形式上与他们同化。这样的走入大众中去，结果是他们受我的感化，反而同我一样了。我只能知道这无碍法门，上顺诸佛的正法，下顺众生的机感。至于大菩萨们的大悲戒、波罗密戒等，非我所知，我怎么能说？你还是另访高明吧！达里鼻茶国的弥伽先生，是我的好友，你去看看他的作风看！"空中的光明，忽然消逝，善住比丘也不知所在了。善财静立了许久，不得已又要前进了。

五　语言学者

达里鼻茶国，是达里鼻茶民族组成的。在善财南参时，正值国力隆盛的时代，文化经济都有长足的进步，特别是首都自在城，富乐繁荣到极点。为了政治经济等原因，不同种族的人，都到自在城来。南印的语言，本来复杂得很；在当时，梵语还不大流行。所以彼此相见，常常弄得面红耳赤，互不相知。善住比丘介绍的弥伽先生，便是适应时代的一位语言学者。他懂得大语（梵语）、鬼语（上座部就是用这种语言的）等一切族类的语言，在自在城里教授语言学。他是以梵语为本而综贯一切方言的，所以他不用梵文学者的摩多体文，倡导四十二字母的字轮。他在语言的传授中，表扬大乘佛教。他的语言学社在市中心区，附设在一家市肆的后进。他按时讲解，不收学费，来学的着实不少。

善财离了海岸国，一直到达里鼻茶来，访问到附设语言学社的市肆中。弥伽先生正在讲座上宣讲，善财就杂在大众中听。临了，上前去礼足，简单地报告了学历，就提出些问题来。问题中,除了平等清净菩提心的保持,不感劳厌的大悲力的生长而外,特别侧重在一切法的总持上。简单说,菩萨要到世间去教化众生,那就不能不注意——破除自己的愚痴僻见,无碍辩才,记忆力,一切族类的语言,决了诸法的实义等问题。弥伽先生听善财说是发了菩提心的,就立刻站起来,离开讲座,五体投地地向善财敬礼,把名贵的香花散在善财的身上,并且一叠连声地称赞他。善财见他如此,连忙还礼。弥伽先生在大众中不断地赞叹:"如有能发菩提心的,那就是续佛慧命,不断佛种了!严净国土,成熟众生,这都从菩提心来。了达一切法,信解业力,实行,大愿,从离欲到智慧明净到解脱,这在发了菩提心的人,必然要成就,可说等于成就。所以发了菩提心的菩萨,就是初发心不久,也为一切贤圣与世主们的护持称叹。这因为不但他自己的德学可敬,他现在或将来,必能使一切众生舍离恶趣,使人类远离众难,解决贫穷,享受天人的快乐,使他们亲近善知识,听法,发菩提心,成为超人的菩萨。善财!菩萨为一切众生所作的事业,是难得的,难遇难见的,他是众生的父母,是众生的拯救者依止者。已发菩提心的人,应怎样的自尊自强,感觉自己责任的重大!一般人遇见菩萨,应怎样的尊敬他、重视他!"弥伽先生的一番赞叹,大大地加强了善财的菩提心与大悲力。他又说:"善财!说到普入一切法的总持,你可以留心观察!"只见他把口一张,吐出种种的光明,光明中来了一切世界的众生。善财心想:"弥伽先生的号召力,着实不小!"弥伽见有缘的众生来了,就给他们分别解说《轮字庄严经》,这是他的精心杰作。《轮字经》中,探讨一切语言的根本音,分为从阿到荼的四十二字(字母),

此外无非四十二字的支流。根本字的结合，孳生一切的语言文字，所以叫字轮。因字的结合而有语言，因语言的诠表而有名，因名而有所诠的义。众生因长久而复杂的嬗变，成为种种惯习的名义，觉得彼此间格格不通。如果直探根本音韵而洞察它变化的法则，那就不难触类旁通的持简驭繁，获得增强记忆、辨才、通晓各种方言的能力。同时，一般众生因语言的不同，影响他思想生活的不同，而引起隔碍固执、循名执实的倒见，也不难一扫而空，转入大同平等无碍的大乘。当时大众听了，都直接间接地不退菩提，成为大乘佛教行者。弥伽这才重升讲座，对善财说："我成就了妙音解脱门，能分别一切众生的语言，你方才看见的就是。我把语言作佛事看，在语言中化众生。语言境界，可说是深广如海。大菩萨们能从语言学的深入中，了解众生的种种想（表象力）：经比较联合抽象的种种施设，制为种种的名号；名号的结合，成为种种语言。语言中有种种显了或深密的含义，在句义的解说上，句法组成的次第上，都深入彻底。这些，我也不能彻了。我看，你应当贯彻初衷，再到诸方参学去！"善财礼谢说："圣者的意见，我诚意地接受。此后，我一定要深入文字语言的底里，也一定要贯彻参访无厌的本衷！"善财在弥伽先生那里得到了举荐的善知识，才辞别了出来。

六　自净其心是真佛教

弥伽先生介绍善财去见解脱长者，善财却不急急地去寻求解脱。一路上游方观化，思惟善知识的教授，大大开发了无碍的慧光。这样不住地游行了十二年,才在住林国会见了解脱长者。一见面,善财心里充满了难得的欣幸,有说不出的快慰。行了礼,说:"圣者！我是发了菩提心的。我渴仰佛陀的圆满庄严,想悟解佛陀的正法,与一切菩萨同心同德,我是专为此事而来的。听说长者能用种种的方便阐述自己所得的法门,使听众们的内心也能破除迷倒,拔出犹疑的毒箭,照明阴暗的稠林;把内心洗得洁白清净,弃舍谄曲心,断绝生死心,在无明的执著处、染爱的系缚处,把自心解脱过来,转向佛境,住在大慈大悲中修习菩萨行。这净治内心的烦恼稠林,安住慈悲的解脱,愿圣者慈悲教导我！"解脱长者笑了说:"此是住林国,我就是解脱。这一切本地风光,还不够明白吗？哦！你是专求佛境的,我可以从此引导你,你看着吧！"那时,解脱长者就入起定来。变了,变了,只见解脱长者成为微妙的清净身,身上表现了佛国的一切。见化主如来,在种种世界,示现了在兜率天、兜率宫殁、住胎、诞生、在宫中、出家、往菩提场、破魔、成佛、请转法轮、转法轮、般涅槃、分舍利、起塔庙等佛事。所化的众生,有种种的族类、欲望、事业、语言、根性、烦恼习气。所化的地点,有微小的,也有广大无限的。如来用了种种的神通、言辞、音声、辩才,作大狮子吼,为众生说法。这形形色色的一切,在解脱长者的身上,清净无碍,却又毫不杂乱。善财都看得明白,听得清楚。解脱长者出了定,回复他的本来面目,对善财说:"我所契入的,叫如来无碍庄严解脱门。我体验了我外无佛,万佛皆备于我。我在定中,要见佛,就随意能见十方十佛刹微尘数的佛国众会。关于这,我好好地参究过一番。十方如来到这里来吗？我去吗？不,如来并不来此间，我也并不往那边去。这样，我彻悟了能见的心，所见的佛，都是如梦、如影像、如幻、如空谷的回响，一切都是虚妄无实的缘起，本来解脱。我更了解，一切是无自性的缘起，没有常恒的、坚固的，有什么样的因缘，就有什么样的成果。像心中充满了杂染的烦恼，就现起杂染的一切；净化了自心的烦恼稠林，就显现不思议的佛境。这杂染与清净，也就在此中得了个消息。"善财听了说："圣者！我想：心是真实的、常住的、清净的，它就是佛。只为了杂染的翳障，佛才转为众生。一旦净除了虚妄不实的烦恼，众生心就是佛，与一切佛无碍。所以要成佛，该从净除自心的烦恼着手。圣者！我这样理解，该不会错误吧？"解脱长者说："自净其心，是真（诸）佛教，结论倒差不多，可是见解上还有很大的距离。最好，请你把心见、佛见放下来。我说：心是梦幻非实的，佛也是梦幻而非实的。诸佛从心想生，你以为心想是什么？如来说得明白：心起想则痴，无想是泥洹。是法无坚固，（诸佛）常立在于念。以解见空者，一切无想念。你要知道：无想念的真解脱，本来如此，没有佛可见可求，没有众生可化。但愚痴的众生会不得，菩萨要解脱，也要众生解脱，这才巧用幻化无实的想心，觉悟幻化非实的众生。直入无想无念的解脱还不难，菩萨偏要不碍解脱，从自己幻心的巧用中，修行佛法，严净佛刹，教化众生，立愿成佛。要入这样的不思议解脱，才真是难得。但这也还是由于自心具有高深的智慧，了达一切法的实相。善财！要得自净其心的不思议解脱，不但是深观性空，应该行善事去扶助自心的脆弱；用法水润泽自心的枯槁；用诚信、勇进、正念、不乱、智慧去净化自心，强化自心，使自心光明化；用佛陀的自在、平等、无畏力，发展自心。多多造作清净的因缘，成就福德智慧的如来庄严。我的解脱观是这样，诸大菩萨当然还有深妙的。从这里向南方去，到阎浮提畔的摩利伽罗国，那里有海幢比丘在弘扬佛教，你去问他去。"善财接受了解脱长者的教导，生起无限的感激。善知识是我的慈母，他使我舍离一切的无益；是我的慈父，使我出生一切的善法！善财悲泣流泪，辞别了南行。

七　理想的人生

　　摩利伽罗国在南阎浮提的南端，就是现在南印的马都拉，也有译作摩利矩吒的。善财来了以后，就各处去访问海幢比丘。知道他的人都称赞他，说他从海样的大悲方便中，竖起众生仰望的高幢。善财求见的心，格外真切了！往来寻访，在一个经行的广场上遇见他，但他并没有经行，却在身心寂然地坐禅。善财在旁边细细地观察，见他在寂然不动的三昧中，流出利益众生的凡夫、圣人，表现了现实人生的崇高目标。见他的两足，流出无数的长者、居士、婆罗门：从事农、工、商、学的事业，生产一切衣服、饮食、珍宝、庄严品，总之增加生活福乐的资具。救护贫穷者，安慰苦恼者，使他们消除衣食的忧愁，充满欢喜心，走上菩提大道。他的双膝，流出了无数的刹帝利、婆罗门：从事政治、教育，用布施、爱语、利行、同事的四摄，训导众生，叫他们离恶行善。他的腰间，流出无数的仙人（宗教师）：说清净梵行的戒学，说诸法无自性的智学，说世间言论规则的论理学，使众生们生长善根。他的两胁，流出无数的龙王、龙女：他们富有艺术的天才，白云、绮霞,点缀了虚空,把佛陀的道场布置得美丽庄严。他的胸卍字,流出无数的阿修罗王:他是著名的魔术家,因他的幻力,地震、海啸、山崩,使众生们感觉自己的脆弱渺小,因此放弃骄慢心、怒害心,不再斗诤而和乐共存了。无常与苦难的警觉,众生们不但灭除罪恶,还厌怖生死而出离它。有的还要自度度人,发菩提心,修菩萨行去成佛。他的背上,流出无数出世的声闻、缘觉:适应背佛的小乘根性,说无我,说无常,说不净,慈悲,缘起,说无所有;但那过于独善而僻居寂静处的,也为他说立愿饶益一切众生。他的肩上,流出无数的夜叉、罗刹:看起来,他们是恐怖的,其实是世间的保护者。他们守护善人、贤人、圣人;守护佛陀与道场;守护世间的可怜者,使他们离却怖畏、疾病、苦恼、过恶、灾横。他的腹部,流出无数的紧那罗王、乾闼婆王:他们是著名的乐师,歌奏出百千的妙乐。乐音中,赞叹诸法的实性、佛陀、发菩提心、修菩萨行。他们把佛陀化世与古人守护佛教的史迹,佛陀的妙法,都一一地歌舞出来。他的口中,流出无数的转轮王:他开发宝藏,救济一切贫乏者,所以民众不偷盗;解放宫中的采女,使男女得所,所以不邪淫;发扬仁慈的思想,仁民爱物,所以不断生命;教导民众不说诳;不挑拨离间;不恶口骂詈;也不说无益而动人邪思的巧言;教他们节贪欲;除忿怒;发扬因缘的真义,破除世俗的邪见。用这样的十善,去教化他的臣民。他的两目,流出无数的日天:把生命、喜乐、热烈的光明,照破恶趣的苦痛、世间的黑暗层、众生的愚昧、心中阴暗的稠林,使世界美化、净化又光明化。他的眉间,流出无数的帝释(天主):他警觉一切天神,你们别错会了! 天国不是永生,是无常的幻灭。这唯有福德力,智慧力，正直的爱乐力，深彻的意志力，正念力，菩提心力，才是唯一的依怙者。他也赞叹三宝，制止修罗残酷的战争、魔王的捣乱。他的额上，流出无数的梵天（世界的创造者）：他为世界的罪恶苦痛而焦虑，诚恳地请佛说法。他的头上流出无数的菩萨：说布施、持戒、忍辱、精进、禅定、智慧、方便、愿、力、智波罗密。他的顶上，流出无数的如来：适应种种不同的众生，说种种法门。像这样流出的一切，遍满了一切世界，作成办一切众生的事业。

　　善财观察这不思议的利益众生方便，专志一心地观察，不断而深刻地体会。一直过了六月又六日，海幢比丘才慢慢地出定。霎时间，利益众生的事业也不见了。善财欢喜地赞叹："大师！这境界是多么深广无量！他使一切众生出三途，离八难。他敞开了人天的大道，享受人天的欲乐禅乐，增长世间的有为乐。他使众生超出有海；叫他们发菩提心，修福智的资粮行，生长大悲力、大愿力，一直到成佛。大师！这不是我所能赞叹的，这叫什么法门呢？""这叫普庄严清净解脱门。这三昧境界，实在是广大无量！一切世界，一切佛，一切众生，这一切的一切，如果能深入此中，什么都通达无碍。不过善财！你也不要估价得太高了！菩萨的伟大还多着呢！离此不远的南方，休舍优婆夷在海潮区的普庄严园布教，你可以到那边去，请问她怎样学菩萨行，怎样修菩萨道。我想，你一定要大有所得。去！再见吧！"善财听了，欢喜踊跃地告辞南行。

八　悲海情潮

海潮处,在摩利伽罗之南,是个滨海的区域,隔着保克海峡,与楞伽岛相望。为了了解佛教,实行佛教,善财又不辞跋涉到这里来。热辣辣而多少带点凉意的海风,不断地吹着,掀天撼地的狂潮在怒吼。"洪波鼓冥壑,无有断绝时!"狂潮不已的冲动,吞没了一切,也摄受了一切。风声与潮音的交响,世间是雄伟而和谐! 善财在这里,独往独来地洞观一切,没入这一切中;他没入一切的底里,体验一切的秘密。

优婆夷是佛教的在家女弟子;休舍(希望)是无限的情潮:大乘佛教的圣者,到底希望些什么? 这确是值得参究的问题。善财这样一边想,一边走,渐渐地到达了普庄严园。园在一带平坦广阔的高地上,四周绕着众宝垣墙。善财从空敞的园门进去,只见一行行的宝树,妙花盛开;氤氲的香气,从微风中送过来。微风掠过树枝,发出悠扬美妙的音乐。林子里到处是池沼,满满的八功德水,又芬香,又清澈,连池底的金沙与错落的宝珠,都明白可见。戏水的凫、雁、孔雀、鸳鸯,悠然自得地在池中游戏;有时,也偶然地唱一曲"定水湛然满,浴此无垢人"的雅歌。池侧有七宝阶道,上去有栏杆;栏杆外,宝树间张起了宝网与宝帐,这是澡浴者的休息处。此外,种宝莲花的陂池,也着实不少。

园中有不少堂阁,都非常的富丽堂皇,尤其是庄严幢宫——休舍优婆夷的住宅。海藏宝平铺的地面上,立着琉璃柱,盖上阎浮檀金的黄瓦。宫中射出摩尼的光明,光中充满了妙香;香、光庄严了普庄严园的一切。善财抬起头来，见虚空中来去的云霞，是香、花，是璎珞、宝鬘，两旁像礼敬的天子、天女，中间是远来听法的菩萨。善财走进了庄严幢宫，见无量的宝华座，陈列在宝光妙香与悠扬的音乐中。中间，休舍优婆夷坐在真金座上。她戴着珠网冠、金钏、师子宝的耳珰，绀青色的长发，散散地垂在背后。身上披了摩尼的璎珞宝网。这里，聚集了无量大众，都是从各方来亲近她的。善财上前去行礼，照例地叙述自己的来意："圣者！我已发了无上菩提心，可还不知应该怎样学菩萨行，怎样修菩萨道。听说圣者能善巧地教诲，特地过来亲近，希望你肯指示我！"休舍优婆夷望着善财说："你就是善财吗？前几天文殊菩萨来这里，他还提起你呢！善财！我得了离忧安隐幢解脱门，我达观世间的一切。凡是来这里见我色相的，听我音声的，记念我的，或者与我同居共住的，给我服事的，都不会空过。他们一切的病苦除灭了，烦恼远离了，进入无碍的清净。我增长他们的善根，引他们走入功德之门。你想！那些不种善根的，不近善友的，不蒙佛力护念的，他们能来这里亲近我吗？善财！我告诉你：我这里，十方诸佛经常来说法；我常常见佛闻法，与一切菩萨共住。我澡浴三宝的光明，得不思议的解脱。我不知什么是值得忧虑怖畏的！这宫中的大众，与我同行同住的；其他只要加入普庄严园的，都是不退大菩提的圣者。"善财见闻了这一切离忧法门，不觉坦然安乐说："圣者！这是何等微妙不思议呀！圣者！你有这样功德，从发菩提心到现在，有几久了？""这不成问题"，休舍优婆夷直率地说："我记得，从燃灯佛推上起，我在三十六恒沙佛的法会中闻法修学；再向前，我也记不得这许多。总之,菩萨上求下化的慈悲大愿,是无量的;从大慈悲愿门去修行,也不能用时间计算它;因修行而产生的三昧力、总持力、智力、通力、辩才力,感得的清净身,都不可限量。发心所引起的一切,是那样无量,你想能有最初发心的限量吗?"善财说:"圣者! 是的! 我的疑问,确乎是多余的。这像大海的波浪,是无限不已的波动,追问它最初的波动,岂不太傻了! 圣者! 我相信你是快要成佛的,你自然知道,还要经过几久,就要证得无上菩提呢?"这一问,休舍优婆夷与在座的大众都笑了。"善财! 这还是不成问题! 不论是众生识海的爱浪,菩萨智海的愿浪,同样是无限而不已的冲动。向前推,既不能得发心的始量,向后望,能有成佛的终量吗? 你莫把菩萨发心的心量局狭了! 发心的愿望,是教化一切众生,严净一切国土。为了满足这样的大愿,所以要遍往一切佛国,供养一切佛,参加一切法会,护持一切佛教;所以要知一切世界的成坏;要知一切众生的心、根性、往业与现行;要灭尽一切众生的烦恼、习气。菩萨无限而不已的愿望,为了一切的一切。所以,如果一切世界的严净完成,一切众生的解脱完成,我的愿望或者可以满足了。但是,你想我愿望的一切,这一切有限有量吗? 从事无限世间的净化,无量众生的解放,我的心整个在这点上,不舍世间的众生,直到无尽的永远。我希望如此,你说我考虑成佛的日子吗? 为一切众生而大愿不已,精进不已,我从世界与众生中,获得无上的安慰。这是离忧安隐幢的真谛。那些急求自证者,是怎样的热恼忧怖啊! 善财! 海潮处的佛教,是力的、狂热的,你可以多多去参访! 在离此不远的南方,那罗素有毗目瞿沙仙人,伊沙那聚落有胜热婆罗门,他们的作风与我不同,但同样代表佛教的真谛。好在相去不远,天气还早,你今天就过去吧!"善财接受了她的指示,依依不舍地告辞出来。

九　冲破时空的限碍

善财从普庄严园出来,看看天色还早,就直向那罗素(不懒惰)地方来。转过一个山坡,见山坳里茂林修竹,花香鸟语,好一个清凉自在的世界! 樵夫们指点说:"毗目瞿沙师徒们,在那右边的栴檀林里。"善财就穿过竹园,向栴檀林来。只见毗目瞿沙仙人,三十上下年纪,头上结了丫髻,穿着树皮衣,坐在青绿的草座上。他的学徒们,有着鹿皮衣的,有着树皮衣的,也有编草为衣的。一个个头挽环髻,在他的身前身后,坐着走着。善财恭敬地过去参礼,毗目仙人望着他的徒众说:"难得! 难得! 这位遍参诸方的童子,已发了菩提心。他要予一切众生以无畏;要深入佛海;光耀智慧的朗月,照明世间的黑暗,消灭他的毒热。"仙众们听了,非常地钦佩善财,大家把香花散在他身上,向他致敬说:"可爱的童子! 可敬的童子! 我们敬祝你前途光明。你必然要救护一切众生! 你是福德山,智慧山,也是明净的智日。我们相信,福德与智慧,必将因你而普及到世间!"毗目瞿沙在旁说:"是的! 你们的敬赞是对的。凡是发心的圣者,他必然要圆净佛道。"善财在礼拜的时候,受到仙众们的敬赞,也没有否认,只是感觉自己责任的无限。他用微笑敬答仙众们的好意,用诚敬谦和向毗目瞿沙请教。毗目瞿沙说:"我得了无胜幢解脱门,你要了解它,请把右手伸出来!"仙人用右手紧握善财的右手,刹那间,善财自觉力量充满了身心。觉得自己已到了十方十佛刹微尘数的世界,见佛刹、众会、佛陀的庄严;见佛陀适应众生而说法,一字一句都受持不忘。善财又自觉在这一一世界的一一佛会中,或是一日夜,或是半月一月,百年千年,或是不可说不可说佛刹微尘数劫,在那里见佛、闻法、修学。善财深入了无胜幢解脱,不再为悠久的时间、广大的空间所挟制,获得普摄诸方与三世无尽的慧光。他金刚一样的坚固不拔,粉碎一切的障碍。智慧的一切明净(普庄严),引出无限的精进,体现净化一切又融摄一切的如空的佛智。仙人把手一放,善财立刻见自己还是旧样的善财,还在那罗素的林中。仙人笑问道:"善财! 你还记得吗?"善财礼谢说:"这是圣者的慈悲,是圣者胜过一切,一切不能胜过的大力!""善财! 我所证知的,就是这突破时空限碍的精勤。你的前程无限,你该不断地前进!"善财参过那罗素,又向伊沙那聚落来。

一〇　烽火连天

善财在路上,听说伊沙那(长直)的形势不大安定,现在正陷在狂热的骚动中。一往直前地长期苦干,从路人的表情看起来,着实有点忧虑。善财呢,为了菩萨行的修学,顾不得它是否在骚动,为什么骚动,决意向伊沙那来。问起胜热婆罗门,知道他就在不远的前方。善财翻过了东南大山,只见胜热在不顾一切苦痛中修行。假如说苦干,这是苦干的榜样了。满山满谷的大火,前方后方,南方北方,延长扩大起来,成为严密而猛烈的火网。大火中白刃相接,筑成剑树与刀山的高峰。胜热与他的同行者,踏上高峻的刀山,跳入火网去。刀山与火网,似乎是他们的安慰。善财一见,不觉有点战栗,远远地赞叹下拜。胜热见了善财,不息地挥手狂呼:"童子!来!你说:菩萨有隔岸观火的吗?来!你要学菩萨行,修菩萨道,这不难;你能踏上刀山,向大火直跳,我保证能满足你的一切。站得远远的敬礼,这有什么相干?你是菩萨,是童子,那么来!快来!快来!"这时,善财不免狐疑而踌躇了。人身难得,见佛闻法得善知识的指导,是难而又难。登刀山,入火聚,这不会丧失生命吗?没有这人身,凭什么修行度众生!这怕是魔化的恶知识,是反佛教者,他将引导我走上毁灭,走入恶道,障碍我的修学。善财这么一想,不觉浑身战抖,准备立刻退下来。

"善财!善财!你千万不要那样想!"善财一怔,抬头见云霞缭绕的虚空中,十千梵天在呼唤他。"善财!这是圣者的金刚般若光;他坚强而勇猛地精进,从没有后退。他要消灭世间的一切贪欲、邪见,解脱老死的怖畏。你认为人身难得,这自然是难得的。但生命是无限的无限;在生命洪流中,这渺小的一生,算得什么!你太为这一生打算了!你不要狐疑,我们,你该是知道的。我们自以为是自在者,是世间的创造者,应该支配世间,是世间的最优胜者。但是胜热婆罗门的苦行,刀山火光震动了我们,使我们忧虑惊惶,寝食不安,拜倒在胜热的跟前。他呵责我们:你们凭什么创造世界,支配世界?他灭除我们的邪见狂慢,教我们在大慈悲的广大心中,发菩提心。你想:他是魔化的恶知识吗?"梵天还在劝导,魔王也在虚空中出现了。"善财!

你不该怀疑善知识！你可以想我们障碍他人的解脱自在，凡是要超出我统治的，我就千方百计地障碍他。威胁引诱，倡导和平正义而又为自我的权益而战。总之，隶属我的，就是善，是自在，解脱，就是真理。但是，婆罗门的苦行，刀兵的火光，使我们的一切，就是崇高的宫殿、尊贵的王冠，也黯淡无色而摇动了。我们开始醒悟，不再乐著统治世间的自由，到婆罗门那里去请教。从此，我们不再障碍他人的进步为善，发菩提心。这样的善知识，你是可以毁谤的吗？"他化自在天与化乐天，也在空中高呼："我们利用他人而得的自在，物质的欲乐，是怎样的虚伪！唯有胜热婆罗门战火的光明，使我们走上真自由、真喜乐。"兜率天也在月光下出来了："善财哪！圣者的功德不可思议！我们落在自我的解脱中，狗咬枯骨，自以为少欲知足；受了虚诳知足的蒙蔽，不再为无限的光明而努力。胜热的苦行，拯救了我们，击破我们的懈怠。我们走出自己的殿堂来，不再想须臾苟且。我们从胜热那里，了解少欲知足的真谛，获得无限的欢喜。"东方的空中，三十三天与他的眷属也向善财说："善财！我们敢凭自己的经验向你作见证。我们生在天朝，从来天国的荣华使我们骄慢放逸，沉迷在金粉的欲乐中。连释迦佛的教授也大半遗忘，很少能把它放在心上。阿修罗不断地侵略，不得已高唱和平，文饰自己的懦弱。我们快要从天上落在地上，亏了胜热婆罗门的苦行——刀、火，才恍然警觉。我们不敢乐著天国的五欲，接受他的指导。一切在无常演变中，过去的光荣瞬息过去，未来的需要现在来创造。我们舍离自我的欲乐、骄慢、放逸，在不断的恐怖中，坚固我们的菩提心。"三十三天在劝告善财时，把许多曼陀罗花,花雨缤纷地散在胜热的身上。

虚空中,隐隐的神鬼都现出身来。海国的龙王,好作空中袭击的迦楼罗,醉心音乐与跳舞的乾闼婆、紧那罗,一个个地忠告善财。天色忽然黯淡了,庞大的丑类,身长八万四千由旬的阿修罗,从东洋大海站起来,一手摸着太阳,发出呀呀的怪声:"善财! 他是否魔化的恶知识,我把自己的一切告诉你,你可以自己考虑。我们住在东洋,虽然与天朝有着姻戚的关系,但猜疑骄慢、无限的贪欲,促我们经常向天国进攻,想掠夺占有天宫的一切。有时,损兵折将,战战兢兢地躲在藕丝孔里;有时,美女成为天宫的舞女。但野心不死的我们,还是不断地向天朝骚扰。自从胜热婆罗门的苦行,扇起熊熊的战火,火光震动了我们的老家。大海狂啸了,大地震动了,我们自负的力量,什么也不再存在,我们觉悟而忏悔了! 舍离了骄慢、放逸、谄诈、虚诳,从胜热婆罗门的教诲中,获得佛陀利他的十力。"那时,山谷中、树林中、虚空中,一群群的夜叉、罗刹、鸠槃茶,他们都现身说法:"善财! 刀山、大火,是反佛教的吗? 你想:我们从前,假借天帝的意旨,吸人的血,吃人的肉,不要说脂膏,有时连枯骨也要吃。世间咒诅我们,怨恨我们,我们反引以为骄傲。胜热的刀锋战火,消灭了我们的鬼性,我们高呼圣者慈悲! 我们是愿意忏悔的。我们生起慈愍心,对众生不再敢恼害。忏悔过去的一切,成为佛化的新人。"空中又有天人在歌唱,他们礼敬胜热婆罗门,欢喜中流着热泪:"圣者! 过去我们过的是什么生活? 阿鼻等八大地狱中,受赤火的焚烧;八寒地狱中,受狂风、大雪、坚冰的酷虐。我们是饿鬼,贫穷困苦,一切都不是我们所能享受的。我们是畜生,无条件地忍受他们的宰割。唯有圣者刀山火网的光明,解放我们,使我们的痛苦休息。我们真诚地感戴你、信仰你、服从你。现在,我们是从地狱的底层生在天上,享受天堂的幸福。我们知道你的恩德,愿意永远地瞻仰赞叹你!从你修学佛法,发大菩提心。"

香花堆满了刀山火焰,歌音充满了虚空。胜热婆罗门照样地登刀山、入火坑,善财却惭愧无地而忏悔了。他向圣者作礼说:"圣者!我是童子,我是幼稚愚痴。我怀疑你,心中诽谤你,这一切的错误,愿圣者容许我的悔过!"胜热说:"是的,善财!你真是童子,幼稚愚痴。你应随顺善知识的教诲,一切无疑,应当忏悔。佛法中,有罪当忏悔,忏悔则安乐。"善财听了,从欢喜中涌出无畏的精进,大踏步地走上刀山,投入火网中去。一到中间,接触了火光,不觉说:"奇哉!奇哉!刀山与火聚,竟是这样的安乐!"胜热说:"这是你自己所证得的。在不碍性空的般若中,为解脱众生的苦痛,上刀山,入火聚,才是菩萨的快乐自在,这是我的无尽轮解脱门。大菩萨的大精进还多得很,我也不明白,你该再向南方前进。师子奋迅城的慈行童女,你可以参访去!"善财感激善知识的开示,热泪横流地别了出来。回望伊沙那的火光,似乎比方才更旺盛了。

一一 佛化的美术教育者

伊沙那的教学,使善财不再固执地偏著在佛陀、众会与清净的国土上。他刺破了分别的想网,知道众生是无我的。一切音

声色相,不过是空谷回响,镜中人影,本来无碍,用不着取这个,
舍那个。善财的智慧,显然是更深刻而无碍了! 到了师子奋迅
城,问起慈行童女,这才晓得她是师子幢王的女儿。善财想:王
宫,尤其是深宫中的公主,这比不得平常百姓家,可以自由去访
问,这怎么办呢? 想了好久,也还是毫无办法。后来想,不如到
王宫左右去看看,说不定会碰出点机会来。于是善财沿王宫路
走去,只见男女老幼,一路上拥挤非凡。善财问起路人,大家说:
"我们是进宫去听慈行童女说法的,你难道不想去吗?"善财听
了,真是喜出望外,万料不到师子幢王的王宫,能让老百姓自由
出入,能作为教育民众的所在,这是多么平等,多么无碍呀!

　　善财杂在大众中走,无暇去参观广大精美的全部王宫,一直
向说法的讲堂来。讲堂的建筑,华贵富丽而且很特别。地面铺
着平正的玻璃,琉璃柱,金刚石的墙壁,阎浮檀金的栏杆、窗子,
嵌满了光明闪铄的摩尼珠。墙壁上挂着各式各样的宝镜,也有
嵌的。顶上张起无数宝网,网上挂着金铃。善财进了讲堂,见慈
行公主坐在宝座上。她的皮色像真金,配上绀紫色的眼睛、绀青
色的头发,确是一位标准的印度美人。她操着流利的梵语,深入
浅出地为大众演说。善财上前去顶礼,请问菩萨道的修法。慈
行说:"善财! 你问菩萨道吗? 千闻不如一见,你先看看我这殿
堂的庄严!"善财听了,便注意到讲堂的一切。只见一一壁中,
一一柱中,一一镜中,一一摩尼中,一一金铃中,都现出种种的图
像来。如来最初发心;他在修菩萨行;怎样满足他的大愿;菩提
树下成佛;大转法轮;树下北首而卧的是入涅槃:这一切佛因佛
果的图像,水中月影一样的隐约而明晰。如果要修学菩萨道,这

便是榜样了。善财细细地观察了一番，又向慈行行礼。她说："我所弘扬的，是佛化的美术教育，也就是般若的庄严解脱门。善财！你不要以为希奇，这并不是我创作。从前我在三十六恒沙佛那里修学，他们都用不同的方法，引我深入这个法门。我修学充满法喜的正法，是这个；我也弘扬它，使众生得到乐趣充满的佛法。为了这，他们都叫我慈（与人乐）行。我深入这美化的般若中，获得普门陀罗尼，一切都总持不失。我所能说的，就是这样。"善财听了，礼谢公主的开示，欢欢喜喜地退出王宫来，起身到三眼国去。

一二　初出家的少年比丘

善见比丘是慈行童女所景仰的法师，所以介绍善财去参访他。善财出了王宫，向三眼国去。一路上，想起菩萨的所行所证，常使人惊讶，却又吻合大道，这实在是深不可测。又想到众生的智巧，所作所行，心识的流注，众生因业光而显现的身影，众生的名号言说，这身口意的活动，都非常深细。这样，善财又思考到如空的法界，要怎样去庄严它？这只有多多地培植悲愿的行业，才能装饰美化这世间。这一切的甚深，善财不断地走着、想着。不几天，到了三眼国。善财到城邑、村落、市肆、旷野去寻访，后来在一丛林中遇见了。见善见比丘壮年美貌，照印度的相术来说，他已有佛相的一半（十六相）。看他广大如海的智慧，观察一切，寂然不动地踏着如来所行的大道，不快不慢地在经行。他不是个人独行，他是集体行动的中心人物，在他的前后左

右,有无量数的天、龙、人等,行列整齐地围着他,随着他走。善
财见了,立刻上前去行礼,说:"大师! 我已发了菩提心,为了菩
萨行的追求,过着长期的云水生活,到处去参访。这一次,慈行
公主介绍我到这里来,大师一定能大大地开示我!"善见比丘听
了,照样地走着说:"善财! 我的年纪轻,出家的日子又近,我在
佛教中,简直还是胎儿呢! 叫我拿什么教你! 不过,你既然来
了,自然也不能空过。我所修学而证入的,叫做菩萨随顺灯解脱
门。摆在眼前的事实,你难道没有明白吗?"善财被他一问,这
才对集体行动的大众,要重新加以观察了。看哪! 这随方俗不
同而转变的是方神;以柔和洁净的莲花为立足点的是足行神;破
除愚痴黑暗的是光神;众行因花缤纷而下的是林神;出现功德宝
藏的是地神;庄严虚空界的是空神;施散一切财宝的是海神;谦
和敬礼的是山神;戒香微妙的是风神;身体庄严的是夜神;光照
大千的是日神:这无量功德的大神,服从善见的引导。正确而深
彻的善见比丘像一座黑暗中的灯塔,也像众盲中的明眼者。他
引导他们,也受他们围绕庄严,集合这和合的大众,向法王城前
进。般若摄导万行,万行随顺般若,这可说是善见比丘的得力处
了。善财观了好久,明白此中消息,这才又合掌请问。善见比丘
说:"善财! 我不是说过少年初学吗? 这一生中,我曾经在三十
八恒河沙佛那里,作短期或长时的学习。我接受诸佛的教授,并
且去实行,所以能庄严菩萨的大愿,修菩萨行,满足六波罗密。
除了菩萨的本分事而外,像佛陀的成道、说法、正法住世到衰灭;
佛陀的严净一切国土,净修菩萨行,从普贤行中去清净佛果,这
一切我都明白可见。总之,善财! 菩萨无限的大愿、大智、大行,

我在中道经行时,念念都现见了。善财!我在佛教中还不过是胎儿呀!一般大菩萨,真正的在如来家受生,成就佛陀的寿命,他们有佛陀的金刚智灯,具足佛陀的身相,坚强又美妙,能降伏魔王外道。像这样的人,真是难遇难见,我哪里能知道他们的德行呢?南方名闻国的自在主童子,倒是一位不思议解脱的圣者,你还是到那边参学去!"善财接受了善见比丘的指导,辞别了出来。离开三眼国,又开始他新的参访了。

一三　聚沙为戏的数学家

善财从善见比丘那里出来,天、龙、夜叉们,前前后后地围绕了善财,跟着他去名闻国,访求自在主童子(晋译作释天主)的下落。天龙们说:"自在主童子,现在河渚上。"善财就向河渚来。(这里,我想插几句话:善见比丘在他的正见中,摄导了无边功德行,现在善财也能这样福慧圆修了,这自然是含义之一。但是三眼国,我们知道,大自在天才不纵不横地生着三只眼。他是印度的大神,代表着印度固有的文明。三眼国的善见比丘,在他独具只眼的般若中,统摄又引导了无数的鬼神,这实在是佛教在出世解脱的特质上,融摄了世间学术的象征。现在,善财也受着鬼神的围绕,要去问自在主童子;再下去,还要参访自在优婆夷。这一大串的自在,该有他深切的意义。大乘佛教者披起神化的伪装,实行即人事以向解脱的大道。我们要把握这一点,要从神化的形式中,把大乘真义洗炼出来。不然,学佛不成成鬼神,这就太难说了!)

　　深广的大河,曲曲折折地流入大海。出口处,有大大小小的沙洲。一个绿草丛生的沙洲上,有一大群童子在那里作聚沙筑塔的游戏。一位少年在指导他们,这无疑的就是自在主童子了。善财渡过沙洲,过去向自在主行礼。自在主童子一见,就说:"善财!路上平安呀!我早就算定你今天会来。我知道,你是要请问菩萨道的,你说是不是!"这时候,童子们都放下泥手,望着善财。善财诚恳地说:"圣者!你知道,学人是专为此事来的。"自在主童子笑笑说:"论起来,我还是你的师兄呢!我也是跟文殊菩萨修学的。他教我书写、算数、印刻等技术,我在这些上,悟入了一切工巧的神通解脱门。""工巧不过是实用科学,为什么说是神通?"自在主听了善财的话,皱皱眉说:"咦!你的心目中,神通还没有脱尽妖气吗?你想!心神有了通达事理的智慧,能制造利用厚生的一切;利用出入,民咸用之,这还不神乎其神吗?我深入了工巧法门,不但能知道世间的文书、数算、印刻与区域的疆界,其他种种资生的事业,也都得到善巧。所以,我还是医生,熟悉病理与药性,能治疗风痫、消瘦、中毒、鬼魅所着等疾病。我还是一位建筑工程师,能造立城邑、聚落、宫殿、屋宅,能布置精美的园林。我又是化学家,调炼种种的仙药,也懂得炼金术。我又是农业家、商业家,能经营田中的农作物、商贾的买卖进出。我又是占相师,见了众生的身体、形态、动作,就知道他作善作恶,将来生善趣还是恶趣;他是声闻乘者、缘觉乘者、一切智乘者,我都能从他的外相知道他内在的根性。这工巧智神通门,我知道,也教众生学习,使他们知道。善财!你看:这么多的青年,就是从我实习的。我告诉你:算数是工巧智的根本,可说是工巧之母。没有好好修学算数,他决不能成为一位高明的医生、建筑家等。不过,算数也有种种,有一般人的算数,有声闻学者的算数,我所知所学的,是菩萨算法。从一到十,是十进的基本数。十的百倍叫千(十、百、千),千的百倍叫洛叉(千、万、亿),洛叉的百倍叫俱胝(亿、兆、京),这三位是百进的。以上,像俱胝俱胝叫阿庾多,阿庾多阿庾多叫那由他,这样倍倍相乘的,有一百二十五位,到不可说不可说转为止。我用这菩萨算法去推算,就是无量由旬的沙堆,我也能知道共有多少颗微粒子。我算出十方一切世界间的距离、方位,一个个是怎样次第安住的。一切世界的广狭大小,也推算明白。关于天文学、地理学上的难题,都在菩萨算法中解决了。一般人,数学是数学,名学是名学,但是根据菩萨算法,世界的名字,时代的名称,佛、法、众生、事业、真理等名字,都在数学中贯彻了。善财!虽这样说,其实我也还涉猎未精。大菩萨的工巧智与数的哲学,那才深妙得很呢!我给你介绍,南方海住城的自在优婆夷,确是一位值得参访的圣者。你到那边请问去!对不住!我们的沙塔模型,今天还想完工。"善财听了这一番教授,充满了欢喜出来。对于大利众生的心愿,更自觉有实现的可能了。

一四　乐善好施的主妇

善财离开了名闻国,一路上体察善知识的教授,他的心沉入善知识的教授中,不断地思考赞美。他那旺盛的求知欲无限地扩展,扩展到不知有所谓满足了!到了海住国,就处处去访问自在优婆夷的住址。照着众人的指示，上门去参访。她的家，在此城中，是一所独立的院落，占的地面很广，四周围着垣墙。善财恭敬地进去，见她坐在宝座上，是一位年轻貌美的主妇。她似乎生怕脂粉污了颜色，璎珞掩却自然的壮美，她不用这些，只穿着朴素的服装，让青丝发散披在脑后。她的容光，除了佛菩萨，谁还能及她呢？她的住宅像一所礼堂，或许是大餐厅。这里没有什么杂物，除了她座前的那个精致的器具而外，一列列的都是非常名贵的座位。天女般的童女在她的前后左右，亲近她，听她的教命。童女们的身上，透出一缕妙香，熏遍了一切。凡能接触到她们的芳香，心地就纯洁而善化了。没有怒害，没有怨恨，也没有悭嫉、虚伪、险曲、贪、嗔。心气平和，不再存卑劣，也不狂慢。有利他的慈悲济众心，有自利的持戒无求心了！如有听到她们的音声，心中就充满了喜跃。见到她们的身相，就远离贪欲。这时，善财见到听到也觉到，在这难思的环境中，心地是格外纯洁而坦白了！这样，他不觉从心的深处，发出崇高的敬爱，他赞美倾倒，向自在优婆夷致敬。

自在优婆夷和婉地说："善财！你的来意很好！发菩提心是怎样的希有呀！你且等一下，自会明白你所要知道的。"善财静静地站着。不久，有无数的人从四门进来。自在优婆夷不愧为贤能的主妇，她和悦而静肃地招呼他们，让他们坐下。她从座前的小器中，拿出一切美味可口的饮食来供养他们，使他们各人得到满意的饮食。他们赞美她的功德，纷纷地起身出去了。这时，善财也受了上味的供养，充满着喜乐，听见自在叫他说："善财！你所要访问的菩萨道，该已明白了吧！"善财答道："圣者！

是的,菩萨道在无尽的布施中。但还有……"她指着座前的小器,微笑说:"是这个吗?这叫无尽功德藏,我所修学而证入的,就是它。你看!它是中空的,空就是无限,无限空中的功德,也就是无尽。它承受一切,含容一切。你觉得它小吗?空有何大小?这一器的饮食,不但布施百千众生,就是布施不可说佛刹微尘数众生,也能随人的需要而得到满足。这样的无尽布施,器中的食品也并没有减少。空中的一切是无尽的,饮食的长养力也永远是无尽。声闻与缘觉,吃了我的饮食,必定会证果。一生补处的菩萨,吃了必然要降魔成道。善财!真实不空的根器,没有无尽的布施,也就不成其为菩萨。这班童女们,都是跟我修学的,也都与我同样的修学这无尽法门。善财!你该扩大你的理解,从物质的布施到思想的领导,这可以到南方大兴城去访问明智长者去!"善财听了,记住了她的教授,感谢她的介绍,恋恋不舍地辞别了出来。

一五　无遮大会

善财的游踪到了大兴城,内心充满善知识德学的景仰,恳切地去各处访问明智长者。后来,遇见长者在城内市中心的宝台上。一个广大的旷场,中央盖有宝台;宝台的四周,能容广大的群众。台上,竖起了幢幡,金色的宝盖,洁净的羽扇、宝拂。香花音乐,使繁嚣的城市化为和谐而严净的乐园了!台上台下,有百千位容貌端严的青年。他们都曾修集与长者同样的善根,成就了菩萨的志欲,所以现在长者的指导下,服从他的教命,赞助菩萨事业的实施。善财见了，照例地上去敬礼，请问怎样才能摄化一切众生。长者对善财的发大心，先加一番赞许，然后说："你见我的信众吗？我使他们发菩提心，在如来的家族中新生，都能与菩萨一样的救护众生。至于我自己，修得了如意功德藏解脱门。凡是众生有什么需要的，如衣服、璎珞，或是象、马、车乘、花、香、幢、盖，或是饮食、汤药、房屋、床座、灯明，牛羊与侍使：这一切资生物，我都尽量地给施他们，使他们满足。不但如此，我还进一步地为他们说法，救护他们的心灵。善财！你看！他们都陆续来了！"善财回头一看，只见各式各样的众生，不知其数地陆续来集会。长者见人众来得多了，从座上起来，仰首观察虚空。一切资生的物品，立刻从无碍的虚空中纷纷落下，满足来会者的要求。这时，来会者因了财物的满足，不觉对长者起了敬爱的好感，长者这才为他们应机说法。譬如来求索饮食的，就教他积集福德的资粮，尝受法喜与禅悦等精神上的粮食。如果是求索饮料的，就教他舍离生死的渴爱。求上味的，教他获得诸佛的甘露味。求车乘的，教他学大乘。求衣的，教他们穿起惭愧的清净衣。像这样的应机说法，大家都欢欢喜喜地满足了回去。那时，善财静默地观察，理解到从器物之空到太虚空的扩大过程，又理解从财施到法施的善巧。见大家纷纷回去，也就起身告辞。长者说："善财！从布施直入佛道的一课，你还没有毕业呢！你索性再进一程吧！南方师子宫城的法宝髻长者，完满地组织了从布施走上佛道的层次。你向他请教，这与你是不会无益的。"善财谢了指导，又开始南进。

一六 我的家

善财在师子宫城的闹市中,往来访问,恰巧法宝髻长者在市上散步,无意中遇见了。长者一见如故,伸出手来,亲亲热热地握着善财的右手,问长问短,对善财的大心参访给了不少的鼓励。长者邀善财过他的家里去,善财就跟着走。一会儿到了,长者指着他的屋子说:"善财! 这是我的家。我日常所行而且是我要说的,尽在此中,你且仔细地观察!"善财见长者的大宅是一所八面开门的十层楼大厦,白银墙,玻璃殿,珅璈柱,琉璃楼阁,笼罩在一片金色的光明中。庄严与清净,可说是兼而有之。善财进了门,见最下一层,布施种种的饮食。一层一层上去,见第二层布施衣服;第三层布施日用的庄严具;第四层布施眷属,满足人类家庭的缺陷。到了第五层,有许多五地的菩萨,他们从三昧的修证中,成就总持,在那里演说正法,分别三昧的慧光。第六层上,集会了很多明达法性的六地菩萨,大家在分别解说般若波罗密法门。第七层中,得如响忍的七地菩萨们,有方便巧慧,都能受持佛法。第八层里,有无量不退转的菩萨,能普遍地到一切佛土中,受持一切佛的正法。第九层上,住满了一生补处的大菩萨。最高的一层,是一切如来的住处:佛从最初发心,经历了修菩萨行,到出离生死;此后满足伟大的心愿,神通自在,净化佛的国土,在大众会中说法度众生。这一切,善财都明白现见,明白了从发心到成佛的历程中,应怎样的先财施、后法施,从易到难,从狭小到广大、到圆满的布施次第。就是自在优婆夷的无尽功德藏,明智居士的如意福德藏,法宝髻长者的无量福德宝藏,层层深入,也获得系统的认识。善财观察了以后,转身向长者说:"圣者! 这样的清净大众,真是难得! 不知圣者过去种了什么善根,才有此胜妙的果报!"长者说:"这是很久以前的事了! 无量光明法界普庄严王佛的时代,我见佛进城,就烧香奏乐去供养他。我种下了善根,就不时地培植它,使它抽芽开花,向三方面去结果:一、离一切贫穷困苦,二、常见佛菩萨与善知识,三、常常能听到正法。富有,受良好的教育,这就使我慢慢地向上增长,获得现在这样的结果。善男子! 我所知道的,无非自己家常事,其他我就无从谈起。来! 我指导你,出南门,沿着直道前去,是藤根国。有一位医师叫普眼长者,实在是功同良相,你有一访的必要。"善财答应着"是! 是!"走出长者的大宅,向藤根国去。

一七　身心健康与成佛

善财在去藤根国的路上,忆念法宝髻长者宅中所见的无量法宝藏,用菩萨的智慧去照了它。这一路,荒僻得可以。高高低低的山谷中,虽说有古道可走,但满地荆棘,到处是林藤,实在有行不得之苦。善财为了善知识的教授,谨慎而勇敢地前进。不怕苦,不放逸,历尽了多少艰难,踏断多少葛藤,这然后远远地望见了普门大城。善财舒了一口气,感到一种说不出的喜悦。又重复鼓起勇气来,通过多少小城,才到了普门城。城在百千小城的中央,衬着渺小的城郭,显得普门城分外的高峻而坚固。善财进了城,问到普眼长者的住处,上前去敬礼、请问。长者让善财坐下,然后说:"善财! 我在本城执行医师的业务,众生的一切疾病,像风、寒、痰、热、鬼魅、蛊毒、水火创伤……;这一切,我都知道,都能用方法去治疗他,恢复他们的健康。你想:一个病苦缠绵者,常是受到经济的压迫,增加苦痛,往往弄成病后失调,这是怎样的苦痛呀! 所以在治病与病体新愈的时候,我总要设法使他们得到衣服、饮食、财物的供给,获得生活上必要的满足。"善财在旁赞叹说:"圣者对于病人的救护,真是仁至义尽了!" "善财! 这是菩萨本分事。我觉得,世间有两种恶事:一、就是身体的疾病:世间的伟大成功者,没有不是精力充溢的健儿。伟大的民族,必有强健的体格。反之,疾病常与自私、颓废、取巧等罪恶有关。你再想,你参访的善知识,有病夫吗? 第二、是内心的烦恼病:凡是自害害人的罪业,总是烦恼在作祟,主要是自私的贪欲,残暴的嗔恚,固蔽的愚痴。因此,我不但治身病,还应机说法地治心病,用不净治贪欲,慈悲治嗔恚,分别法相治愚痴。总之,我为了使众生离一切不善法,所以疗治身心的疾病。"这时,长者用了郑重的口气说:"善财! 你该知道,离一切不善,就是持戒。很可惜,持戒的律师们,老是注意那不可不可的消极戒条,少有从根本着想的。实则身体与精神的健康,才是火底抽薪,从根源上去消除罪恶。并且,不但诸恶莫作是持戒,众善奉行与自净其心,也是戒,且是更积极的。所以我又教他们发菩提心,养大悲心,修福德智慧,立大愿,修普贤行。教他们行十度善行,求那究竟清净的佛身。"善财说:"圣者! 这一切都是为人的。圣者自利的行践如何,是否也可以开示一点?"长者说:"自行吗！我因为从事医药，所以也懂得调和众香法。善财！我用名贵的戒香，供养十方佛；也就因了戒香，见一切佛。救护众生，严净佛刹，供养如来，这三大愿，是我日夜祈求的，都因戒香的供养而得到满足。善男子！我所知的众生普欢喜解脱门，是怎样的渺小！更深刻的，像南方多罗幢城的无厌足王，他是实际的政治家，方法不同，却同样的收到止恶行善的效果。我把这位善知识介绍给你，你总是欢喜的吧！"善财听了，满心欢喜，立即起身告辞了出来。

一八　严刑善政的政治家

"我们的国王——无厌足王，每天在正殿上推行王道的政法。他日夜勤劳，从没有一点厌倦。用王法教化众生，使民众生长在和平、秩序、正义的国家中。我们的王，见有才德可用的，就加以摄收录取，决不使野有遗贤。反之，如有犯法乱纪的，应罚者罚，应治者治，也决不姑息放任。我们的王，裁断民间的净讼。被人欺凌的孤弱，给以王法的保障，解除他们的怖畏。王道政治的推行，使人民实行不杀、不盗、不邪淫、不妄言、不两舌、不恶口、不绮语、无贪、无恚、无痴的菩萨戒。我们的王，是一位内圣而外王者！"学生模样的某青年，滔滔不绝地答复善财，末了指着王宫说："你去见国王吗？这早晚，还在勤政殿呢！"善财听了，别过了他，顺手转两个弯，就望见推行王政的勤政殿。远远地见无厌足王高坐在庄严的宝座上，显出了自在的威力。在他的前面，有谁敢与他作怨敌呢！众多的大臣，各站在自己的职位上,共同办理王国的政事。有更多的勇将,拿起武器,负起侍王卫国的责任。那时,有无数民众违犯了王国的政法,有偷盗他人财物的,有杀害人命的,有淫乱的;还有邪见倡导邪说惑众的,怨结嗔恨的,贪污嫉妒的。对于这般造作恶业的众生,国王照着他们应得的罪罚,有断手足的,截耳鼻的,斩首的,火焚的,用这些严酷的刑罚,一一地苦治他们。善财见了犯罪者所受的苦痛,生起无限的悲悯心,对国王执行的严刑苦治,心中大不以为然。心想:我为了利益一切众生,才要修学菩萨行。像无厌足王的这样逼恼众生,甚至加以杀害,这简直是残暴不仁,恶中的大恶! 这哪里是菩萨,哪里值得我参学! 正在这么想的时候,忽然感觉空中有天神在警告他:"你应当记念善知识——普眼长者的教导!"善财心想:我确是常常忆念他,从来也不敢忘记他的指导呀!"那么,你应当信善知识的引导,为什么要疑惑呢? 要晓得,菩萨有善巧的方便智,他摄受众生,调伏教化,护念守卫众生,度脱众生,这都不是皮相的认识所能思量拟议的。这应该观察他的原因与效果,然后再下判断。你不是为参学而来吗?"善财放下了自己的成见,一直来见国王。顶礼后,向国王说:"圣者! 我已发了大菩提心,但不知应该怎样学菩萨行,修菩萨道。承善知识的引导,所以特地远来,请求圣者的教导!"无厌足王听了,见王事已办理清楚,就起身下座,拉着善财的右手说:"你到这边来!"把善财带到宫中,指着宝座说:"坐! 一同坐下了好讲话。善财! 你看我的宫殿如何? 你看:广大无比的宝宫,庄严的讲堂,楼阁,罗网,端正而进退有礼的宫女。你想! 假定我残暴不仁,真的大作恶业,会有这样的富饶自在吗? 这是我的菩萨道,叫做如幻解脱门。我所治理的国民,因过去养成了杀盗淫乱等恶习,物以类聚,风纪坏到极点。用其他的方便,都不容易使他们离开恶业。我为了调理折伏这一般众生,所以用种种严厉的刑法治罚作恶业的恶人,使那些作恶的众生知道国法的尊严,不容他不谨慎顾虑,迫得他断十恶,行十善,或者发菩提心。我用这善巧的方便,达到了利益众生的目的。关于此种办法,批评我的,当然不知道我。就是同情我的,或者以为我嫉恶如仇,以为我乱世用重刑,杀一警百,这同样不知道我。其实,在我洞达诸法如幻的意境中,并没有真实的众生,真作恶,真受罚,无非是以幻治幻的方便。不要说是人,就是一蚊一蚁,我也从没有起一念的恶意,或者动作身体言语去恼害他,使他受苦。人人都可以为善,生一切善法;恶人不过是善缘不具而已,悲悯他都来不及,还肯去恨他残害他吗? 善财! 这就是我所知所行的法门了!"
到这时,善财不觉恍然大悟:推行王法,目的在利益众生,十善戒是刑政的本质,是使人不失其为人的条件。王国政教的推行,使人不得不止恶行善,成立普遍的阶梯解脱的社会。怪不得政治修明的国家,虽不谈仁义说道德,却远非政治腐败空谈道德的可及。无厌足王的大方便,悲心悲政,深深地引起善财的同情,开始他的赞美与修学了。国王说:"善财! 大道不可思议,殊途不妨同归。附近妙光城的大光王,你去参访他,看他的政治如何?这或者更适合你的根性吧!"善财起身,礼谢了国王,出来到妙光城去。

一九　王道乐土

善财在旷野走了几天,经历种种险难,不敢懈怠休息,好容易才到了平地。过了几个村庄,见一个闹热的城市,善财问路人说:"妙光城在哪里?"那人说:"这就是妙光城。"善财听了,好不欢喜。心想:我要参访的善知识就在城中,我又要增长见闻了。善财进城去,见大城外有七重的七宝深堑,堑底的金沙在八功德水中,映着水面的妙花,闪闪发光。宝堑的两岸,栽有七重宝多罗树,有七重的金刚垣,一层一层地围着。纵横十由旬的大城中,人口众多,楼阁辉煌,总之,是一所非常富庶的大城。城中心,有一座最高而最好的楼阁,题名为正法楼,就是大光王施行政法的所在地。这一切微妙的五欲境界,善财没有丝毫贪染,只想求见善知识。见大光王坐在法堂的师子座上,座前与城中的十字路口,陈列有名贵的珍宝、衣服、饮食、车乘、伎乐、汤药、乳牛、美人。各处有众多的菩萨,执行国王的意旨。为了摄取众生,使众生们欢喜清净,离一切烦恼,了解实义;使众生们舍离彼此为敌的恶心,身体与言语上的恶行、邪见;使众生实行清净的十善业道:所以把这一切物品,布施给需要的众生。大光王的政治施设,很明白的,侧重在满足民众衣食男女的正常要求,使他们知道义理,不作恶业而有善净的行为。在这个基础上,使众生走上一切智的佛道。那时,善财走到王的面前,行礼、请问。大光王说:"善财!我所修行而圆成的,叫大慈幢行解脱门,就是把大慈与乐,作为自利利他的最高原则。我用此大慈法门治国;

用此法门去顺应世间的欲求,摄受他们,引导他们,使他们修善行。我用此大慈法门,使众生也住在慈心中,在慈心为主的利乐众生心,不离众生心,拔众生苦而不息的心中。我用此大慈法门,使众生非常的快乐,身心清净,能舍离生死乐,爱好正法。在他们的清净心中,用一切善行去熏习他,使他们转上一切智道,生起坚固不坏的信心。善财!我在大慈幢法门中,用正法去治国,使人民喜乐,没有怖畏。如有缺乏什么而来求索的,我必尽量地供给他,只是说:你勿可以作恶!不要害众生,起邪见!善财!我这妙光城,你是看见的。但本城的大小,崎岖与平坦,珍宝与瓦砾,秽恶或清净,都不是固定的永久的,是因人民的业行而跟着变化不同的。记得在浊恶的时代,城中的民众都欢喜作恶,这世间就是秽土了。"善财问:"逢着这邪恶的时代,圣者又怎么办呢?""这还是要哀悯救护他,还是实行方才所说的大慈为主的顺世法门。我的慈光普照,民众所有的怖畏心、恼害心、冤敌心、净论心,都不觉消灭了。关于这,可以事实证明,你仔细看吧!"说着,大光王就入了大慈为首的顺世三昧,城内城外都震动了。只见宝地、宝墙、宝堂、宝殿、宝楼阁,这一切都流出微妙的音声。城内城外的人民,都欢喜地来见王,连鸟兽也慈悲和乐了。山河大地,踊跃回旋。天神都欢喜地供养赞叹,饮血啖肉的恶鬼——罗刹、夜叉们,也都生慈心,不再作恶业。善财深入慈幢三昧的境界,了解王政的真义,只是扩充这仁慈的一念,达到世间大和谐的实现。这与无厌足王的办法,确乎有点不同,但这是适应众生的方便,并没有本质上的差别。大光王从三昧起来说:"善财!你该明白了!法门无边,你再向别处参访去!"

二〇　不动心

善财在路上，想到善知识教导的恩德，不觉掉下泪来。觉得善知识实在希有，自己的一切功德，都是他所赐给的。自己为了不断地参学，又不能多多追随供养。这时，觉得空中的天神在安慰自己，鼓励自己："善知识唯一的希望，要你信顺他的教化，照着去修行。能如此，不但善知识，诸佛世尊也欢喜呢！你不要怅惘，快到安住王都见不动优婆夷去吧！"善财觉到了，就向安住城来。听说不动优婆夷是一位童贞的少女，在自己家里为亲属与一般人说法。这样，就到她的家里来。一进门，先触到堂屋中的金光，又闻到不知哪里来的妙香，善财的身心忽然清凉舒适，感到说不出的禅悦之乐。善财恭敬地站着，合了掌，仰首观察她的一切，觉得不动优婆夷身相的端正，口中吐出的妙香，庄严的住宅，这都不是世间一般女人可及的。她一切是圣洁的，没有人会在她身上起爱染心。只要一见了她，所有的烦恼都不觉消灭了。观察她的功德，觉得深广无际，心中欢喜极了，作一首诗来歌颂她："戒德常清净，勤修大忍行。团圞秋夜月，独朗众星明！"不动优婆夷听了，用温柔而可意的话来安慰他，称赞他："善哉！善哉！你能发菩提心，这是何等难得呀！此地是安住城，我叫不动，你应该深切地体认一番。论到我自证化他的法门，名称很多，其实不坏、坚固、无疲厌，无非是始终如一，不变初衷。不过这不动境界，确乎也实在难得明白！"善财恳切地请求说："圣者！请你给我解说，我必能因你的力量而信受明了，进一步去修习证实。"优婆夷说:"那么,你听! 当初,我是电授国王的爱女。一个晚上,父母兄弟们都睡了,我扶着楼阁的栏杆,仰望满天的星斗。一闪一闪的星光,点缀着沉默而幽静的夜色,不觉身心都清净了! 忽然,空中光明焕发,修臂如来在众会围绕中出现。佛身的芳香,远远传来。那时,我真欢喜极了,便从楼上下来,合掌礼佛。我心中想:世尊作了什么清净的行业,才有这上妙的身相、光明、眷属、宫殿,有这样的福德、智慧、总持、三昧、神通与无碍的辩才! 佛是知道我内心的,对我说:善女人! 你要发心! 要这样发心:要有不可破坏的决心去灭除烦恼;要战胜执著;不自馁,不退怯,悟入甚深的正法;要能忍苦耐劳去拯救恶行的众生;要警觉自己,不受环境的迷惑,去一切趣中受生;见佛,听一切法,要无厌足不知足地去追求;要从正确的思惟中,普遍地生起佛法;要住持一切佛法,流通一切佛法,随众生所要求的去布施。善财! 我当时听了佛所说的,就发心愿求佛的一切功德。我所发的菩提心,坚固得金刚石一样。染著生死的烦恼,厌离世间的二乘心,都不能使它动坏。从此以来,经过的时间也不算不久了,所念所见所闻所行也不算不多了,但从不曾丝毫离开过最初的志愿。从此,我常见佛菩萨与善知识,常听到大愿、菩萨行、波罗蜜、智慧、地、无尽藏、入无边世界、分别无量众生;常用智慧使众生们灭烦恼,生善根;常随顺众生的好乐,为他们现通说法。这一切,都没有间断过。善财! 这样的境界,你要见吗?"善财说:"那太好了,真是求之不得!"不动优婆夷就深入三昧,十方不可说佛刹微尘数的世界,都震动而改变,成为统一清净的世界。每一世界中,有百亿四天下,有百亿如来,都光明遍照地为清净大众大转法轮。她又从三昧起来,说:"善财! 安住、不动,你都见了。我的自行化他,如此而已。像大菩萨们的捞摝众生,搅动烦恼海,干竭爱欲泥,那我简直是不知所措了! 从此向南不远,有无量国的知足城,有一位化装出家外道的善知识,名叫遍行,你可以去参访他!"善财就起身告别了。

二一　秘密工作者

太阳西下的时候,善财到了知足城。当天晚上,就各处去访问。问来问去,结果是知道遍行名字的也没有,更谈不上他的住处了。约莫有半夜了,善财见城东的善德山上,一片光明,如红日初出一般。善财非常的欢喜,很有把握地想,我所访求的善知识,必定就在山上。等到天明,连忙出城去。上了善德山,果然,遍行就在山上平坦的地方经行。他的身相很好,就是梵天王,怕也不及他的威光呢! 善财过去顶礼,照例陈述了一番来意。遍行在一块山石上坐下来,答道:"善财! 我在至一切处解脱门中。至一切处,换句话说就是无所不至。这因为我能普遍地观察世间,有无作而无所不作的神通力,有无所不知的普门般若。我到种种地方去,在形貌、行动、见解种种不同的一切趣生中。见一般众生,有执著邪见的,有信二乘的,有信大乘的,我就用种种方便门去利益他。或者为他们说世间的种种技艺;或者说四摄法;或者说波罗密;或者称赞发菩提心,或者称赞菩萨行;或者说造恶业的要受地狱等苦果;或者说供佛种善根;或者说如来的功德,说诸佛的威力,说佛身。善财! 知足城中的人民,男女老幼,我都在他们中间。我用一种方便,化成与他们同样的形相,然后适应他们的根性而说法。哈! 我在他们中间,这样地教化他们,引导他们,可是谁也不知道我是何人,也不知我从哪里来。但他们都在不知不觉间受了我的指导而实行佛法了。善财! 我不独在这知足城,一切世界中,凡是有众生的地方,我都无所不至地、同样地秘密教化他们。世间九十六种外道,各起一种邪见,我也为他们说法,使他们放弃自己的邪见。然而世间的无识者,却把我叫做外道了!”善财说:“圣者! 你的方便,真是妙不可言! 不过,像圣者这样的能力,似乎尽可以名正言顺地教导众生,使众生在佛教的旗帜下站起来,何必使众生莫名其妙呢?”遍行外道说:“你所说的,自然不错,但各有各的法门,哪里能千篇一律。在佛法不大弘通,或者外道猖獗,王臣作障,那就非秘密教化不可。并且,打起了佛法招牌,那些反佛教者,先就预存恶见,再也难以接受。你如果化装作中立者,就可以加入到他们里面去,秘密地领导他们转向佛教,很容易做到潜移默化。老实说,佛法注重实际,宁可无佛教之名,有佛教之实,却不愿见有神化的佛教!”这一席话,说得善财痛快非常,真是不虚此行了。起来别过遍行,又到南方广大国去。

二二　鬻香长者

善财受了善知识的教导,不顾身命与财产,不欢喜人众的喧杂、五欲、眷属、势力,只是一心专求佛菩萨的功德,到处去参学。这一次,又到广大国来。鬻香长者本来叫青莲花,因他在城中开一家香铺子，大家就称他为鬻香长者。善财到了他的香店里，觉得一切都是香的。长者见了，引他到后进的住宅中。善财说明了来意，长者说："我不过有一点关于香的知识，知道香的形态、发生、出现、调合成就，知道它的清净，给人的安慰快乐、方便、境界、威力、业用、根本。你认为有可学的价值，老远来问我，那我也不妨谈一谈本行。从制造与用法上分别，有烧香、涂香、末香三种。烧香是燃烧的，涂香是涂在身上的，末香是撒的。从它的产地来说，就可以分为天香、龙香、人香等种种。善财！我不但是香商与制香工人，我也是技而进于道的。我自己从俗事去达真理，对众生也利用种种的香，说种种法，引导众生。我说几种特别的香你听！先说三种治病香：龙的嗔性特别大，每每二龙共斗，结果是两败俱伤而息净了。在龙斗时，人间产生一种象藏香。烧起来香雨蒙蒙，触到的，一切成为象征和平的黄金色；嗅到的，都身心快乐，没有疾病，彼此不再互相侵害，离一切恐怖危害心。因众生恚病的除灭，大家都慈心相向，志意清净。那时，我就给他们说慈悲无嗔害法门，使他们发菩提心。南印度的摩罗耶山，有一种牛头栴檀香。假如把栴檀香涂在身上，就是跳入五欲的火坑，贪欲烈火也不能伤害他。大海中有香叫无能胜的，把它涂在法鼓上或者法螺上，能发出微妙的觉音。那些无知的敌军，一听到就不战而溃退了。那时，我就要赞说听闻正觉的佛法，远离无明，使他们正观法相了。再说三种香，戒香、定香、慧香。阿那婆达多池边，产一种名为莲花藏的沉水香。只要烧一麻子大，香气就普熏阎浮。闻到香气的，断离一切恶业，没有追悔热恼的苦痛，生欢喜心，成就清净的戒品。雪山上，有阿卢那

香。嗅到此香的,能灭烦恼,厌离有为的欲染。那我就为他们说
法,使他们得离垢三昧。罗刹所住的地方,出产海藏香。转轮王
把它烧起来,王与他的军队,都上腾虚空。那我就为他们说法,
'修空名为不放逸',使他们成就解空的智慧。还有佛、法、僧三
香;忉利天的善法堂边,产净庄严香,烧起来,诸天都发心念佛。
须夜摩天上,有叫净藏香的,烧起来天众都来听受正法。兜率陀
天有先陀婆香,生在内院补处菩萨的宝座前。烧起来,香云中落
下许多供养品,供养清净的圣众们——佛菩萨。善财! 善变化
天上的夺意香,颇有一种特色,就是燃烧起来,会落下一切庄严
具,把大地庄严得清净而美妙。我见了,就说菩萨的六波罗
密——因果差别,说菩萨修行而庄严性空的大地。我所知的,就
是这些。至于大菩萨们的五分法身香,我还不能了解,这还需要
我们不断地深入。善财! 如入芝兰之室,日子久了,不觉得香而
身心都香了。你在此许久,熏习的功德如何? 我想你难得到这
里来,离此不远的南方,楼阁大城有婆罗施船师,他常常远涉重
洋,说不定还有妙香呢! 顺便去向他请教,也不负参学一番!"
那时,善财的身心,自觉香洁无比,喜乐充满。听了长者的开导,
又礼谢告别了。

二三　航海家

善财向楼阁城前进,观察所行的道路,有高有卑;有夷坦的,
有危险的;有净的,有秽的;有歪曲的,有平直的。要知道它,才
能走上高、平、净、直的大道,直达目的地。在观察道路时,想到

一切道中的菩萨道,唯有善知识是过来人,才能作正确的指导。想到这里,又不禁善知识难见难遇之感了!不几天,到了楼阁城。城在西海岸的一个海湾中,是船舶往来必经的重要海口。善财遇见船师婆罗施在西门外的海岸上。这里是一片广场,他正在演说大海法,末了又会归到佛功德海的广大。很多的出口商人与一般民众,都围着听。善财从人丛中挤进去,参礼、请教。婆罗施说:"难得你发了菩提心,还能进求菩萨道。善财!我平时就在此城的海岸路住,专修菩萨的大悲幢行。我看楼阁城的贫穷众生太多了,为了这,不问风浪如何险恶,决意修出海的苦行。所得的一切宝物,布施他们,使他们的所求获得满足。次一步,为他们说法,施与法宝,使他们修集福德智慧的善根,发菩提心。不单发心就算了,要实践菩萨的悲愿,出离生死又不厌生死。一步步地引导他们,使他们摄受一切众生海,修一切功德海,见一切佛海,照了法海,进入一切智智的佛海。我在此地,就是这样的利益众生。善男子!关于航海采宝,我也可以说一点。我所以能为众生求财宝与法宝,因为我知道汪洋的生死大海中,产宝的洲岛在哪里。我知道一切宝的种类;宝是怎样产生的;怎样去净治、钻孔,怎样加以制作,使它成器有用。我也知宝的境界,宝的光明。善财!我游行在生死大海中,知道海中的一切龙宫、夜叉宫、部多宫的地方。知道这三恶处的所在,所以能避免三恶的灾难。航行在海道中,知道海水的漩流、浅深、波涛;知道海程的远近;水色的好恶不同。我也知道日月星宿运行的度数,昼夜时刻的延长与短促。除了这宝地、海中的险难、水道与天象而外,更能知船只的材料是铁是木,是坚固或者脆弱;船上的机器是否滑动。水有大小,风有逆顺,这一切我都无不明了。可行则行,可止则止。善财! 我凭这航海的智慧,能利益一切众生。我用坚固的船只,使寻求宝物的商人们从平安的海道中航行。半路上,为他们说法,使他们欢喜。等到到了宝洲,使他们获得充足的珍宝,然后又把他们带回来。我从航海以来,这样的来往海上,从没有出过险。善财! 凡是遇见我的,听我说法的,不但在世海中平安无难,财宝充足;并且不再怖畏生死海的危难,行悲愿的海道,必定要达到一切智海,得无上菩提大智宝。善财! 你不断参访,我看倒是一位典型的采宝商人。新下水的波罗密多号,今晚就要开船,你有意去走一趟吧!"善财听了,同意他的提议,答应着"是",跟着婆罗施上船,出海去了。

二四　公正的法官

波罗密多号一出海口,当晚就开始与风浪相争。善财初入大海,心里自不免有点惊惶。好在在婆罗施的指导下,同舟共济,到底是平安地过去了。东方发白,风浪也平静了许多,善财这才到船上的三昧园散步。见慧日的光明,照破了长夜的黑暗;功德池中的解脱花,也被拂拂的晨风吹开了。虚空是无边,大海是无边,求菩萨道的大愿,不觉也就扩充一切法界而无碍。大船不断地前进,忽见右手方隐隐的有一片陆地,渐渐地近了。听见婆罗施在向大众说:"这是欢喜国的可乐城,大船要停泊一天。"善财去见婆罗施说:"圣者! 我也上去看看!""好! 不过你得准时回来。城东的大庄严幢无忧林,是本城的风景区,你顺便可以

去走走。"船靠了岸，善财杂在商人们中间走上去。记起婆罗施
的话，就一直向大庄严无忧林来。见一带丛密的无忧林，在滨海
的山坡上展开。林子里建筑有茅亭、台阁，可以坐看海城的景
物。这里的游人不少，商人、居士、各式的人都有。见一位中年
的长者，在一棵无忧树下，有许多人围着他。他庄严而和平地，
在理断人间种种的事务。问起旁人，才知他是无上胜长者，是欢
喜国里著名的法官。善财看了很久，纠纷一件件地解决。后来
似乎是事件理完了，长者开始向大众说法，他说："不要争讼吧！
我慢、我我所、悭吝、嫉妒，财物的积聚，这一切只有使你们争讼
苦痛。你们要从这一切的压迫下自拔出来，让心地清净地享受
和乐无净的幸福，这才是无上的胜利。使你们的心地净信，常见
佛，多闻法，修学菩萨道吧！"善财听了，心中非常叹服，立刻上
前去顶礼说："圣者！我是善财！我是善财！我专求菩萨行而
还不知怎样行。圣者！我到底要怎样行才是？"长者说："善财！
你能发心求菩萨行，这是好极了！大菩萨的菩萨道，我可不得而
知，我自己的至一切处菩萨行解脱门，是这样的：这三千世界中，
我不问他是天上、人间，凡是有众生所在的村落城邑，我都去。
除息他们的净讼、战斗的行为、忿恨而竞求一逞的恶意。那些受
冤屈的，我为他们伸理，使他们解除系缚，出狱而享受自由。我
禁断了杀、盗、邪淫等一切恶业，使他们行一切善。我教他们修
学一切技艺，使他们得到世间的利益。又说王论、军论等种种
论，使他们欢喜。那些顺行外道的，我也有时给他们说些外道的
胜智，这样的渐渐使他们归入佛法。善财！我不但在这三千界，
一切世界中我都去。为他们演说佛法、菩萨法、声闻法、缘觉法；

也说明世间五趣的苦乐因果,功德与过患,迷惑受苦与知见无碍,生死苦与寂灭乐,明白地给他们指出,使他们走上应走的正道。善财! 天色不早,你可以走了!"善财静听善知识的开示,受益不浅。礼谢以后,赶回海岸来上船,只见商人们都已回来,正准备要开船了!

二五　战时的尼园

　　在海国的游行中,善财到了好多地方,见了许多善知识,法宝的收获着实不少。一天上午,船上忽然鼓噪起来,有人在那里大声地埋怨说:"背时! 来输那(勇猛难当)国做什么? 这不是迦陵迦林(战时)城吗? 不毛的沙卤地带,蛮子世界,除了贫穷与劫掠,还有什么?"婆罗施来了,制止他们的纷扰说:"不错,这是输那国。真的什么没有么? 胆怯呢,不上岸更好。"善财表示愿意上去走一趟,船师婆罗施说:"赞成! 哪里没有善知识! 但全船不便等候你一人。我看,你我就此分了手吧!"善财一想,也好,就拜别了船师,独个儿上岸去。一连在城中观光了几天,觉得人民温和、公平、有礼节,地方也不错;这不免要怀疑商人们的胡说。继而想,国名输那,城名迦陵迦林,应该事出有因。后来有人告诉他:"从前,此地确是蛮荒。自从圣者到这里来,民众都受了感化。圣者的慈忍智慧,比勇猛更勇猛,比战时更紧张。她像狮子的嚬呻,那残暴而愚昧的兽类,都吓得慑伏了!"善财合掌赞叹说:"大善知识! 到底圣者是谁? 她还在此地吗?"那人说:"还在。圣者法名叫师子嚬呻比丘尼,现在胜光王布施的日光园中。"善财向他问明了地点,立刻向日光园来。见园中宝树蓊郁,到处是音乐、光明、香花,泉流、陂池,宝树下都敷有师子座。这宝座与宝树,是星球式的;一律是中央有一大树大座,四周有较小的树座围绕。善财走遍了王园,见每一大座上,都有师子嚬呻比丘尼坐着,都围有不同的群众,因听众的不同,所说的法门也各各差别。为天说天菩萨法,为人说人菩萨法,为二乘说二乘菩萨法。为种种根性,因势利导说种种法。结果,他们都不退菩提。善财见了这一切,恭敬地向师子嚬呻尼敬礼,说:"圣者! 我发心求菩萨道,愿圣者不弃,为我说法!"比丘尼说:"善财! 听我说自己的修行吧! 我修证的解脱门,叫成就一切智,就是般若。在此法门中,能一念中遍知三世一切法;能往一切世界去供养一切佛。有众生来我这里的,我不分别众生相、语言相、如来相、法相,为他们说般若。善财! 日光园中的众生及菩萨,都是我所教化的。我教他们最初发心,后来教他们受持正法,思维修习,达到不退菩提。善财! 佛教悲智的日光,普覆一切,战胜一切,佛教才是输那国之王!"

二六　好客的女郎

　　师子频呻比丘尼介绍善财去险难国宝严城见婆须密多(世友)女郎。善财想:勇猛国的战时城,不过如此,险难国当也不致有什么危险,何况还是宝严城呢! 善财毫不踌躇地向南方来。这一路,都是悬崖、深谷、寒风、冰雪,实在是危险难行。但这在善财,算得什么呢! 到底是到了宝严城了。各处去打听婆须密多的住处。十字路口有一位老先生,非常关心地对善财说:"青年! 你到底怎么了? 访婆须密多做什么? 她是个人尽可夫的淫女呀! 我看你智慧明了,心广如海,不应在她的身上起贪欲心,不应为女色所引诱。看你英明有为,你何必求她呢!"有人在旁边插嘴说:"老先生! 这不是你所知道的。"那人对善财说:"善男子! 世友女郎是智慧的明灯! 你能访求她,可说已得广大的利益了! 我告诉你,她在本城的北里中住。"善财听了,欢喜地上门去访她。行不多路,见她的住宅在一广大的园林中。种种的严饰,表现出高贵的气概。那时,婆须密多在堂前的花台边,手拿小扇,扑那花丛中的粉蝶。她的相貌,端严极了! 金黄的肤色,赫赫有光;绀色的头发、眼目;身材适中,也不长,也不短,不肥不瘦的,就是天人也万万不及她。她的声音微妙、清晰,显然是能谈会说的。她望见了善财,善财立刻过去礼拜,合掌说:"圣者! 我已发了菩提心,今天特地来参访,请问菩萨所行的大道。"她说:"善财! 我只知道自己所证得的离欲际解脱门。凡欲心冲动的众生,他们就见我。天见我,我是天女;人见我,我是人女;畜生见我,我是畜生女。我虽是天女、人女,但在见我者看来,我的形貌光明,总是胜过了一般的女郎。欲心所缠的众生们,到我这里来的,我都为他们说法,使他们离去贪欲。善财! 欲心所缠的众生,不问他见我的,与我谈话的,执我手的,升我床座而与我共宿的,注目观我的,见我嚬呻的,见我瞬目的,与我拥抱的,与我接吻的:总之凡是来亲近我的,一切都远离贪欲,悟入菩萨的无碍解脱门。"善财赞叹说:"圣者的功德,真是不可思议! 不知种什么善根,修什么福业,才渐渐地成功?"婆须密多说:"我记得,从前高行佛进妙门王城的时候,大地都震动了!光华遍布,有说不尽的祥瑞。那时,我是某长者的妻子,名叫善慧。见了如来的奇特事,不觉心中有了觉悟。因此,我和我的丈夫一同去见佛,把一顶宝冠供养他。当时如来的侍者,就是文殊师利,他为我说法,劝我发菩提心,这就是我的初因了。善财!勇猛与险难,你都平安地经过了。以后,你可以到善度城去见佛塔。这不但可以参访鞞瑟胝罗居士,也免得那些近视者造谣诽谤你。善财!可以去了!"善财答应着,辞别了出来。

二七　栴檀佛塔

善度城隔宝严城不远,游行一两天就到了。善财一心想瞻礼佛塔,所以进了城,就向鞞瑟胝罗(摄)居士家来。善财见到了居士,先顶礼,然后说明瞻礼佛塔并请求开示的诚意。居士说:"栴檀佛塔并不大,却是名贵的宝物,平常我是不大给人看的。你很难得,一片真诚地远来,今天例外通融,满你的愿!"说着,握了善财的手,转弯抹角,引到一个精致庄严、四周栽着花木的阁子。善财进阁去一看,见地方很洁净,中间供一座七、八寸长的栴檀座如来塔,隐约地闪出金光,塔前陈列了香花等供品。善财绕塔三匝,顶礼下拜。仔细地观察了很久,也参不透它的妙处何在。居士又把善财引到外面,在书斋里坐下。善财这才请示佛塔的深妙,居士说:"我供养栴檀佛塔很久了。某天,为了拂除尘垢,轻轻地把佛塔门打开了。塔中供着法身舍利,所以一开塔,我就面见了如来。那时我得了佛种无尽三昧:一切世界的一切佛,像迦叶佛、拘那含牟尼佛、拘留孙佛、尸弃佛、毗婆尸佛等一般人所说的过去佛,都见到了,并且见得非常深细:诸佛从最初发心,种善根,得自在,大愿,大行,具足了波罗密,才入菩萨地,得清净法忍。于是乎伏魔、成正觉,在清净佛土的大众围绕中,放光说法。这一切佛因佛果,都见得明白。不但是过去佛,弥勒佛等未来佛,卢舍那等现在佛,也亲切地见到。善男子! 我自从开塔见佛以后,得了不般涅槃解脱门,不再以为某某如来已经涅槃,某某如来现在涅槃,某某如来将来涅槃。如来的法身平等,哪里会有起有灭呢? 我知道十方一切如来,从来没有涅槃,根本不是像声闻学者说的。除非是为了化度某一分众生,现起涅槃的幻相而已。"善财要求再礼佛塔,希望开塔见佛,居士说:"佛无所不在,何必一定在塔中! 我看,此地之南,有补怛洛迦山,观自在菩萨在那里说法。你到那里去参访,比开塔见佛更好。"善财久仰观自在菩萨的大名,听居士说离此不远,就欣然告别了。

二八　普遍的救护·迅速的行动

善财到补怛洛迦山来,第一个印象是山峰的雄健脱俗,到处是满开小白花的宝树,美而且香,使人有一种高洁而和谐的好感。观自在菩萨在此说法,可说是名山有主了。善财走到山西的岩谷中,见号称勇猛丈夫的观自在菩萨在一块大金刚宝石上说法。听法的,也各各坐在宝石上。善财合了掌,望着菩萨出神,欢喜得不知道说什么好。菩萨见善财来了,喊他说:"善财!

你来得好！你发救护一切的大乘心，勤求佛法，能不违背善知识的教授。你从文殊师利的智慧功德海诞生，现在是成长了！"善财听了，上前来顶礼，请问修菩萨行的大道。菩萨说："善财！我成就了大悲行解脱门，自己行，也为众生说。我住在大悲法门中，凡如来所住的地方，我都普遍地出现在一切众生前。这或者是用布施、爱语、利行、同事去摄化众生。或是用色身、光明、音声、威仪、说法，现神通去摄化众生。或者化现与他同类的身形，与他同住，然后摄化他。善财！我摄化众生的方便很多，但一贯目的，在解除一切众生的苦痛，救护他，使他们免除怖畏。论到众生的忧怖，实在太多：险恶的道路，烦热的闷恼，系缚，杀害，贫穷，无法生活，恶名，死亡，见不得大众，恶趣，黑暗，迁移，恩爱的分别，冤家相会，身心的逼迫，忧愁，这一切都是众生所恐怖的。我立愿救护他们，不论是心中记念我，口头上称说我，眼睛见我，我总要用方便去安慰他，使他们离恐怖，发无上菩提心。"

　　善财听到这里，忽觉得大地震动起来。抬头一看，见东方空中来了一位菩萨，身光遍照了一切。他似乎看到了补怛洛迦山，一直向这边来。观自在菩萨指着对善财说："这位正趣菩萨，你可以过去请问他！"善财接受了指导，立刻向正趣菩萨礼拜请教。正趣菩萨微笑说："我是来参加法会的，你怎么倒请我说法？大士在座，叫我有什么说的！也好，我还是说我的本行。我得了普门速疾行解脱门。不知道的，以为我是环游世界的徒步旅行者，或者疑我有飞毛腿。其实，我以为成佛也好，度众生也好，总要讲求效率，务必迅速地去实行。不然，终归是徒托空言。"善财说："是极！是极！圣者在哪里学会这个法门？去这

里多少远？从发足到这里，已疾行好久了？"正趣菩萨说："善
财！这难得知道，除了勇猛无退怯的菩萨，谁也不能了解。我记
得，我在东方妙藏世界普胜生佛那里，学得这个法门，也就从那
里发足，到现在，已不可说不可说佛刹微尘数劫了。我在每一刹
那中，走了不可说不可说佛刹微尘数步；而每一步，又经过那么
多的世界。善财！以这样快的速度，经这么久的时间，修行菩萨
道还在半途呢！凡我所经历的世界，我都用微妙的供品去供养
佛。我知道每一世界的众生心，适应他们的根性好乐，方便去教
化他。善财！世界无边，众生无数，行菩萨道的菩萨，该怎样的
迅速实行呀！善财！我只能贡献你一点快干实干的精神，其他
我可不晓得。南方堕罗钵底的大天，学德崇高，正被天神一样的
尊信着。你到他那里去吧！"观自在菩萨听了，赞叹正趣菩萨的
功德，也同情善财去大天那里。善财这才辞别了二位大士，向堕
罗钵底去了。

二九　两付手腕·一样面目

　　正趣菩萨的智慧、功德、精进、不思议的解脱行，善财都专心
去探求他，得到了深入的悟解。渐次游行，又到了堕罗钵底城。
问起大天，众人都说："现在城中的大法堂，为众生说法。"善财
随即到大法堂来，见了大天，就恭敬行礼，并请示修菩萨行的关
要。大天听了，把四条长手一伸，捧起四大海的水，低着头洗面，
再把头抬起来。这似乎要善财认清他的真面目，免得错认了。
他又把许多金花，散在善财的身上，说："善财！菩萨太难得了！

是人中的莲花,是世间的光明! 唯有三业没有过失的,才有见他
形像、听他辩才的希望。善财! 我已成就了云网解脱,你看
吧!"大天在善财面前,化现了珍宝,珍宝的严饰,堆得山一样
高;又化现了花、鬘、香、乐等娱乐品,也是堆积如山。他指着这
些东西对善财说:"这一切,都是你的。你可以拿这些去供佛,
修福;拿去施给众生,也使众生修学布施,渐渐地能施舍一切。
善财! 我不但教你,也同样地教一切众生,使他们在三宝与善知
识那里,因了恭敬供养,种下善根,慢慢增长起来发大菩提心。"
善财说:"圣者的方便很好! 不过有些众生,因有了财物,反而
作恶,那又怎么办呢?"大天拍拍手说:"你看! 我不是还有一双
手吗! 如果众生因有了财物,贪著五欲而放逸的,就为他化现不
净秽恶的境界,使他起厌恶心。有些众生,因有了财物,生起嗔
恚、骄慢心,彼此争竞,就化现可怖的形态,比他们更嗔恚更好斗
争,像饮血啖肉的罗刹们。使他们恐怖惊惶,心地自然柔和了。
那因财物而懒惰懈怠的,为他们化现恶王、盗贼、水、火等灾难,
或者重病。使他们觉悟财物的虚伪,还不免忧苦。我用这种种
方便,折伏他们,使他们止恶行善,超出障碍的险道,得到无碍。
善财! 我所知道的云网解脱,已为你说了。其他,我不知,你上
别处去吧!"善财听了,赞美他的两付手段,一样面目,然后辞别
了大天,又向南方前进。

三〇　姊姊与弟弟

善财为了菩萨道,参遍天下善知识,到妙意华门城,已一共

参访了一百一十位善知识。迦毗罗城得善知众艺解脱门的善知众艺童子,摩竭提国婆呾那城得无依道场解脱门的贤胜优婆夷,沃田城得无著清净庄严解脱门的坚固解脱长者,得净智光明解脱的妙月长者,出生城得无尽相解脱门的无胜军长者,法聚落得诚语解脱门的最寂静婆罗门……这般大善知识,善财都去参访过。其中有长期久学的,有一见便去的,但同样的使善财得益。现在,善财对大乘佛教的真谛已有了深刻而广泛的理解,快要来叩法王之宫,面见老瞿昙,洞彻释迦的本怀了!

善财在妙意华门城中访问德生童子与有德童女,到他们的家里来。见姊弟二人,同坐在园中的石凳上。善财向他们顶礼,请问。他们都说自己是成就幻住解脱门的。有德童女说:"善财!我们悟入了幻住法门,觉得一切的一切,凡是存在的,都从因缘所生,没有真实、恒常、独存的自性,一切是幻性的存在。你想,和合为一的一切众生,何尝真有自我,这无非是业与烦恼所起的。无限差别的一切法,因无明与有爱而起。三界(器世间)从颠倒智而生。这三种世间,不都是幻住的吗?众生的生灭,所有的生老病死忧悲苦恼,都是虚妄分别所生的。国土的成坏,只是想倒、心倒、见倒无明所现。这不又是如幻吗?就是圣人,一切声闻与辟支佛,因他的智断分别而成;菩萨是自行化他的智慧与行愿所成;菩萨的大众聚会,神通变化,所作所为,都是愿智所成。圣人法都从因缘生,岂非也是幻住?善财!幻是什么?幻性的体认,这确不大容易呢!"那时,德生童子接着说:"是呀!幻性不可思议!大菩萨的入无边幻网,连我们也还不知呢!"善财听了这缘生幻性的彻底之谈,不觉身心都柔和光泽了。姊弟

俩又对善财说："善财！南方海岸国的大庄严园，有卢舍那庄严
幢楼阁，这是弥勒菩萨的本乡。弥勒菩萨为了教化父母、兄弟、
眷属、人民，为了同行者，也为了教化你，所以常住在楼阁里。你
往那里去请问吧！善财！弥勒菩萨是蒙佛授记、得如来法水灌
了顶的大菩萨，他的功德如何，这是可想而知。他能教导你，一
定能为你说一切菩萨行愿所成的功德。善财！修菩萨道，不应
该小心小量。扼要地说，菩萨要修普贤行，就应该普修一切菩萨
行，普化一切众生，一切时劫、一切处所都要去，普净一切佛刹，
普满一切愿，普供一切佛，普事一切善知识。说到善知识，可说
菩萨的一切功德，都从善知识来。他能护持你，教导你，使你增
长佛慧，安住在一切法门中。善知识的功德，是应该常常思惟
的。如能敬顺尊信善知识，那你就知道应该怎样承事善知识了。
善财！你要存这样的心去亲近善知识，才能使你的志愿清净！"
善财听了，加深了尊敬善知识的信心，欢喜地起身去见弥勒。

三一　弥勒楼阁

　　一路上，善财追念善知识的教诲，觉得自己过去的缺点太
多，身心既没有清净，而所作所为的，又大多是为了自身的欲乐
打算。看看自己的身体，又是生老病死苦恼的渊薮。这不觉生
起真切的悔意；这一悔，当下增长了不思议善根，所以能佛一样
地去尊敬一切菩萨。因了诸根的清净，所以菩萨的供养、普见世
间的众生、愿力所生的化身、赞叹三宝，这一切菩萨功德都现起
了。三世一切佛菩萨的于一切处化现成道、神通说法，这一切也

见到了。得了清净的智眼,所以能见一切菩萨的境界,遍十方三世,虚空一样的无量无边。善财这样的尊敬,这样的供养称叹观察,渐渐游行到海岸国的卢舍那庄严藏大楼阁前。善财一到阁前,就五体投地地敬礼他,用深刻的信解力、广大的愿力瞻仰他,思念他:这是佛,是法,是僧,是父母,是福田,这是值得尊重礼赞的! 更正确地观察他:虚空一般的无量无边;法界似的无碍;实际一样的遍于一切。也像没有妄分别的如来;如影、如梦、如电、如响,一切是从因缘起的,没有生性。善财从观察中,得到了深刻的信解:一切报是从业起的,一切果是从因生的;佛菩萨的无边功德,也都从因缘所生。这样,一切是缘起法,就在一切法上,远离了断见、常见、无因见、颠倒见、自在见、我见、我所见、边执见、往来见、有无见。了达了一切法的空、无生、不自在,知道它是思愿所生,超越一切相而契入无相的真际。但这并不漠视一切法,一切法的如种生芽,如印成文,如镜中像,如梦如幻,明白地了解它的从因生果,随业受报。总之,一切功德,都是菩萨巧方便所流出的。善财在这样的正观中,得了不思议善根,身心也清净而柔软了。礼拜了起来,绕塔十匝,合了掌,注目地观察楼阁。虽不会透视它的内容,但从楼阁的宏伟、庄严、清净的表相看来,也想像得到这是具有一切功德的佛菩萨所住。这样因物及人地观察了一下,就欢喜地说几个赞美的偈子来赞美他:"佛子于此住,教化诸众生,供养诸如来,思惟诸法性。所修智行愿,广大不可量,无量千万劫,称扬莫能尽! 彼大勇猛者,所行无障碍,住此法堂中,我合掌敬礼。诸佛之长子,圣德慈氏尊,我今恭敬礼,唯愿悲矜我!"

　　善财赞叹了庄严藏楼阁中的菩萨,合掌顶礼,在阁门外,一心想进见弥勒菩萨。忽见弥勒菩萨远远地从别处回来;有无数的天龙八部,弥勒故乡的眷属,还有无数众生,都围着他,一齐向楼阁来。善财见了,非常欢喜,立刻五体投地地向菩萨敬礼。那时,弥勒菩萨不等善财开口,就指着善财向大众说:"诸位仁者!大家见这位青年——善财吗? 他从前,在频陀伽罗城受了文殊的教导,一位又一位地参访善知识。今天到我这里,已经过一百一十位善知识了。他永远是勇猛的,意志纯洁而坚定;一位又一位,从来没有一念的厌倦。他像勇猛的战士,坐大乘的宝车,披大悲的铠甲,为了救护众生,发动了伟大的精进。他又像海商的导者,指导大众,坐了大法船,横渡生死大海,在宝洲的大道上,采集妙法的珍宝。这样的青年,实在是难见的,难得同行共住的! 诸位! 世间能发菩提心的,已是很希有了! 像善财发了心以后,能精进地专求佛法;更能具备清净的菩萨法;能不惜身命地参访善知识,不违背他的教诲;能坚固地修行菩提分,不求一切名闻利养;能不离菩萨的正直心,不染著家业、五欲、父母、亲族,追求菩萨伴侣,修一切智道:这是怎样的难得之难得呀!凡能如此修学的,就是这一生,也能够净化佛刹,教化众生,深深地契入法界;成就波罗密;增广菩萨的大行,圆满自己的本愿,从魔业中解放出来;遇一切善知识,具足普贤大行。善财是这样做,且要这样的完成了! 这不像一般菩萨,经历很久很久才完成这菩萨的行愿,邻近菩提。"善财听了这一番赞叹,合掌向弥勒菩萨说:"大圣! 我发了菩提心,但不知菩萨应怎样学菩萨行,修菩萨道,才能具备一切佛法,度脱众生? 才能完成所发的志愿与菩萨的大行？才能安慰救济人天,不致于对不住自己,对不住三宝,使佛种不断,有人能担当菩萨的家业——如来的正法？这些,愿大圣能不吝慈悲,详细开示!"弥勒菩萨听了,在大众中对善财说:"善财! 你能随顺诸佛教,修菩萨行,真是功德法器。你现在得了大利益,这应该怎样的欢喜呀! 一般人在无量劫中修行,也难得见闻的,你可都见了闻了。这是说你见了文殊菩萨们,知道他们的功德。你离却险难的恶道,超过凡夫,达到了菩萨的地位。不久,你要圆满智慧而成佛了! 本来,菩萨行是大海一样的深广,佛智是虚空一样的难量,好在你的志愿也有海样的深广,虚空般的难量。所以只要有坚强而确定的志愿,不厌不倦地亲近善知识,那不久就会圆满完成的。说到菩萨的大行,无非为了教化众生,这要有坚定的信念才行。你有难思的福德力,真实的信力,所以你能见一切善知识——佛子,在参见每一位佛子的时候,听了他们自己所说愿行所证的法门,你也就都得到了。你能在生死中修菩萨行,所以佛子们都把自证的解脱门指示你。你如果不是法器,哪怕你与佛子们同住无量劫,也还是不能了知。总之,你已见了难见的佛子,听了难得的正法,在佛菩萨的摄受之下,善知识的教导之下,你已得了佛慧的新生命,成了菩萨家族的一人。你培养如来种子,升到灌顶位中,不久就要与佛子们平等了! 我今天为你欢喜庆祝,你自己也应该欢喜。有如此因,必有如此果,你不久要成大果了! 一般所不容易成就的,你一生就完成了,这不能不说是净信与精进的力量。善财! 你是这样行了的,凡是景仰你而愿欲修证的,也应当这样行。菩萨有了愿智,那是决定能修菩萨行的。善财! 像我所说的普贤行,应从亲近善知识中去信解它。如有人听了,能立愿实行的,他必能成佛。他永远离却恶道,不再受一切苦,不久就要往生佛国,面见十方的佛菩萨。过去的善因,现在清净的知解,加以亲近善友的力量,所以能增长功德,像水中的莲花一样。善财!你存了信解心来礼敬我,不久你要普入一切佛会中,圆满一切行,达到佛功德的彼岸。"那时,善财听了弥勒菩萨的安慰勉励,不觉欢喜得流泪,仰望弥勒菩萨,一眼不霎地望着。忽然,善财从文殊菩萨而来的信智力中,现起了满手的宝华璎珞;善财连忙欢喜地把这心华智宝供养弥勒菩萨。弥勒菩萨接受了这无上的供养,伸出右手来,抚摩善财的顶说:"善哉!善哉!你真是佛子!不久,你要与我和文殊一样!"善财听了,感戴善知识的功德,也说两个偈子,偈子是:"无上善知识,亿劫难遭遇,我今得奉觐,而来诣尊所!我以文殊力,见诸难见者;彼大功德尊,愿速还瞻仰!"

当时,很多人见了这现成的公案,都发菩提心。弥勒菩萨见了,又对善财说:"善财!是的,你该回去晋见文殊菩萨了。善财!你为了救护世间的众生,为了勤求无上的佛法,所以发大菩提心。我觉得,你在这人生中,遇着如来出世,又见到文殊菩萨,能发具足无量功德的大菩提心,实在难得。发了心,能进修菩萨行,自然能具足无量功德。善财!你问怎样学菩萨行、修菩萨道,你可以到这大楼阁中去参观一下,这一切你就都不言而知了!"善财合掌说:"这太好了!请大圣把楼门开了,让学人进去瞻仰!"弥勒菩萨伸手在楼阁的门上,剥啄剥啄地弹指三下。呀的一声,楼门自然地敞开了。在弥勒菩萨的助力下,善财欢喜地进去,楼门又闭了。善财静静地观察,见庄严藏楼阁与虚空一样的广大无量。从基地起，门、窗、阶道、栏杆，一切都是珍宝的。宝盖、幡、幢……这一切庄严品，把楼阁庄严得灿烂光明。在这广大楼阁中，有无量微妙的宫殿楼阁：每一楼阁，都广博严丽，与虚空一样。彼此不相障碍，却又彼此分明，没有一点杂乱。善财见了这庄严楼阁，心中非常欢喜。一欢喜，身心都柔和了，一切妄想一切愚痴障都灭除了。那时心地像寂静而皎洁的秋月，一切都正念不乱，悟入了无碍解脱的妙谛。善财这才顶礼下拜，开始作礼。因弥勒菩萨的威力，只见自己在每一楼阁中，窥见了种种难思的境界。见弥勒菩萨的修行历程：发菩提心，初得慈心三昧，……受记作佛。又见弥勒菩萨的随类化导：有作人中轮王而推行十善道的，有作天主、阿修罗王身而教化天众与阿修罗众的。又见弥勒在大众集会中：在三恶道中救济他们；在天龙八部人与非人的大会中，在声闻、缘觉、菩萨会中，为他们说法。又见弥勒菩萨的精进修行：他修慧，百千年中经行、读诵、写经、观诸法的真实，为他人说法。他修定，修种种禅定三昧，起神通现身说法。除了这弥勒菩萨的广大行愿而外，又见诸佛在大众中，佛陀的家族、种姓、形貌，……种种的不同，都明白现见，也见自己在一切佛会中。在无量楼阁中，见一所更崇高、更广大、更严饰的楼阁。这无比楼阁中，见大千世界的每一阎浮提，每一兜率天，都有弥勒菩萨。这或是从天降神，或是在人间诞生，……或是分布舍利，一切化现成佛的化迹。还有楼阁中一切庄严品，或流出微妙的法音，或放光现像，或映现弥勒菩萨的本生。这楼阁中的一切不思议的境界，如梦中的梦境，如幻师的幻化。善财在清净无碍的智眼中，一切都明记不忘，虽然一切是过去了！

　　这时，弥勒菩萨也进楼阁来，又弹指三下，说："善财！起来！一切法本来如此。这一切，如梦如幻，都没有自性，仅是菩萨法智为缘所起的幻相。善财！起来！"善财听见弹指声，就警觉了，从定中出来。弥勒菩萨又告诉他说："不思议解脱愿智所现的庄严宫殿，显现了菩萨行、菩萨道，菩萨的功德、如来的本愿，这你都窥见了吗？"善财说："是的！大圣！这要感谢大圣的威力！大圣！这是什么法门？"弥勒菩萨答道："这叫入三世智正念庄严藏解脱门，是一生菩萨所证得的。"善财又问："大圣！方才所见的一切庄严事，忽然而来，现在又忽然过去，不知到哪里去了？"弥勒菩萨微笑说："我对你说，善财！哪里来，就向哪里去。"善财听了，不得要领，停一下又说："那么，大圣！这到底是从哪里来的呢？"弥勒菩萨说："从菩萨的智慧神力中来，但庄严事却不住在智慧神力中。你要求它的来处，那是无所从来的；不来，也就不去。你看！幻师幻现的幻事，无来处，也没有去处，不过是幻师幻力的缘起。这样，一切庄严事，无来无去，不生不灭，但有了菩萨智愿力的因缘，这一切就现起了。"善财听了这缘起如幻的深义，索性扩大而作深一层的请问："大圣！这能幻者的大圣，又从何来？这该不如幻性的无来去吧？"弥勒菩萨说："我吗！我还不是无来处，无去处，不行也不住，没有处所也没有着落，不生也不死，不定住也不迁移，不舍离也不染著，无业无报，不起不灭，不断不常。但是我就在无来无去、不断不常中来。善财！求菩萨的来去实性，虽然什么都不可得，但从救护众生的大慈悲来；从随愿受生的净戒，愿力所持的大愿，随处化现的神通，不离一切佛的不动，身心不为外界所奴役的无取舍，随

顺众生的慧方便，从影现无实的化身中来。总之，在悲智行愿的
缘起上，有如幻的菩萨来。你方才问我从何处来，其实我有何处
所？不过，我却从本生处的摩罗耶国来。摩罗耶国，有拘吒（楼
阁）村，有我的老同学瞿波罗（护地）长者子。为了化度他，使他
在佛法中，所以我就常住在那里。又因为本生地的一切人民，应
为他们随机说法；还有父母、亲属，也要为他们说大乘法，所以我
就住在那里，从那里来。"善财又问："大圣才说从本生处来，不
知大圣的生处，又是什么地方？"弥勒菩萨说："善财！在某种因
缘下有菩萨，这某种因缘就是菩萨的生处。所以菩萨从菩提心、
正直心、住地、大愿、大悲、真实观、大乘、化众生、智慧方便、依法
修行中出生，这就是菩萨的生处了。有了生处，不能说没有他的
家族，菩萨的家族是：般若母亲，方便父亲，施乳母，戒养母，忍辱
庄严品，勤养育者，禅洗濯人，善知识老师，菩提品道友，善法眷
属，菩萨弟兄，菩提心家，奉行家法，菩萨地家乡，忍富豪，大愿尊
贵，具菩萨行顺家法，发大心继承家业，法水灌顶太子，成菩提光
大门庭。善财！菩萨这样的生在如来家中，能使三宝不断，嗣续
菩萨的种族，家门清净，受一切世间的赞叹。这生在佛家的菩
萨，能知道一切法如影如化，不再厌离世间，也不会染著。一切
法是无我的，所以不为自己打算，慈悲去教化众生，不觉得厌倦。
生死是如梦的，五蕴是如幻的，在生死中长期修行，不再有厌怖
心。界与法界一样，所以不会动心。一切法如焰如幻，所以在生
死中没有颠倒，超出魔王的境界。得了清净法身，所以烦恼不能
诳惑他，能在五趣中自在地受生。善财！我也就是这样的得了
清净法身，能遍一切法界现起一切众生的色相、音声……所作的

事业、思想、志愿。我为了要化度退菩提心的老同学，教化父母眷属，所以生在南印度摩罗耶国的拘吒村。为了教化婆罗门，使他不起种族的骄慢，所以也生在婆罗门家。善财！我在南印的大楼阁中，随机教化众生。因为要教化兜率天的同行者，所以在此命终之后，生在兜率天上。我表现了菩萨胜妙的福德智慧，使天人厌离欲界的欲乐，知道有为法终归要衰坏的。我又为了要摄化同学，要与一生菩萨共谈妙法，要教化释迦佛所派遣来的学人，所以又下生人间。善财！将来我下生成佛的时候，你与文殊菩萨，都要与我相见的。好了，善财！现在你可以回去见文殊菩萨了！文殊菩萨的大行大愿，广大得不可思议！他是一切佛的母亲，一切菩萨的教师，也可以说是开显大乘佛教的内在鼓舞者！你过去参访的一切善知识，都是文殊的威力，都是文殊大乘教化的一面。善财！文殊是你的善知识，过去使你发生菩提心芽，你在长期参学的学程中，培植滋长，现在要开花结实了。你回去再见文殊，他必能使你圆见普贤行，悟入佛教的真谛——释迦佛的本怀。善财！去吧！"善财听了弥勒菩萨的教诲，诚恳地道了谢，从楼阁出来。要结束参学的生活，回到故乡田地了！

三二　参学归来

参学的善财，现在到了普门城的门边了。普门城，是普贤行者的乐土。城中的一切，一律是竖穷三世，横遍十方，深彻虚空。善财虽还没有进门，也就快要登门入室了。善财在门口，静默地追思自己的学历：起初受了文殊菩萨的教化，才发生成佛的信

愿,信自己有成佛的可能。为了实现自己的信愿,才游历了一百
一十城,参访了一百一十位善知识。一滴一滴解行的累积,不但
要证实文殊所开示的(自己有成佛的可能),无疑的还要贯彻无
碍,实行菩萨的普贤行。这样的一心观察,又觉得自己长期的参
学,虽然跑遍了南方,实只是文殊教导的一节,是文殊教化的演
进与开展,并没有离开文殊一步。正在这样想的时候,只见文殊
菩萨远远地伸出右手,过了一百十由旬,到普门城边来抚摩善财
的顶说:"善哉! 善哉! 善财! 菩萨的因行,如来的果德,都是
立足在信愿上。若离了信愿成佛的信根——发菩提心,那还能
做什么呢? 这自然要忧虑懊悔而自没了。不能具备资粮的功
行,失去勇猛的精进心,多少得一点功德,种一点善根,便自以为
满足。不能发起菩萨的行愿,又不能为佛菩萨所护念。这种人,
对于所知的法性,所悟的理趣,所修的行门,所住的境界,自然不
能周遍地知其空性,种种地知其幻相,彻底地知其中道。了知还
不能做到,何况渐渐地趣入、解说、分别、证知、获得? 善财! 信
愿成佛,是大乘道的根本,一切从此生,一切从此而发展完成。
你是这样的初发信心,又这样的进求解行;你要踏入普贤大行的
菩提场,也要与我同住了! 善财! 参访的时代过去,现在要侧重
实行!"善财静默地听着,思惟又观察,一旦豁然贯通,成就了无
量总持、大愿、三昧、神通、智慧。善财是进入普门城了。善财觉
得普门城的一切,是横遍十方,竖穷三世,深彻虚空。哪一处不
是普门城,只怪自己从前不曾见得。既到了这无限无碍的处所,
再也不用向外奔波。于是乎善财在摩竭提的菩提场中,结束了
一百一十城的云水生活。

　　善财在菩提场中,心里想:菩提场是我佛成道的处所。一般人看来,这里是草原林下。但在普贤行者看来,依止的场所,是广大行愿的普贤;正觉的佛陀,是净德庄严的如来。自己好容易进入普贤行愿的道场,对于佛陀的行果,正应该来一个全盘透视。应该从参加普贤大行的实践中,体现佛陀的真谛。这样一想,觉得一切善知识的教导,都与自己的行解吻合无间。善财为了一切智果的成长,所以从慈悲的慧眼中观察一切众生的生死,使他们都回到本来寂静的境地;分别一切广大的境界;学佛的广大功德;具备解脱的正道;培养身心的精进;修正直心,悟入三世的深法;随诸佛的法轮而说法;在一切世间中受生;长期中修习菩萨的大行,满足自己的大愿;了达一切智的境界;净化菩萨的六根;清净的慧光破除了愚痴暗,了达一切法、一切佛刹、一切众生的平等法界;摧坏一切障碍,入于无碍的境地。善财这样的在平等法界中,修习普贤的解脱行。这样,就听见普贤菩萨的名字,听见他的行愿功德,诸地,地前的方便,入地,住地,出地趣入后一地的胜进行,每地所习的法门、境界、威力、住。善财修学他,又听见他,一心要学普贤行的完满实践者——普贤菩萨。所以就在菩提场的莲花宝座上,作这样的思念:一切,虚空一样的平等无著。佛刹、诸法、十方,这都是怎样的无碍!清净的一切智境,明显的道场庄严,广大的深入佛法,周遍的化度众生,无尽期的修菩萨行,向究竟的如来十力而前进:这是普贤行的轮廓吧!那时,善财因了自己的善根力,普贤菩萨的同善根力,佛陀的威力,忽然窥见了净土的瑞相。见一切佛刹中,有如来成正觉。佛土中,没有恶道,清净得莲花一样。地上满是众宝的庄严,空中有严丽的霞云,庄严的道场。佛刹中的众生,身心清净,都有端严的身相;彼此间慈和欢乐,相助而不相恼乱;常念佛陀的福智庄严。善财的心目中,到处充满了如来、佛土、佛法、菩萨大行的无限光明,普遍的照耀着法界。

善财见了瑞相与光明,非常自信地觉得必定能见普贤菩萨。心中专一地求见普贤,立刻见普贤菩萨在如来前,坐在莲花宝座上。他在众菩萨的围绕中,最为特出,世间是没有及他的,也没有能完全了解他的,因为他的智慧功德,与三世一切佛平等了。广大行愿为体的普贤,只见他身上的一一毛孔,念念放出无数的光明。这一切光明,照遍了法界,虚空界;在一切世界中,灭却众生的苦患,使他生长菩萨的善根。这一切光明,又遍在一切佛的众会中,流出微妙庄严的香、花、衣、宝。又在佛土中,流出无数赞叹菩提心的色界天,劝佛转法轮的梵天,护持佛法的欲天,为众生归依的佛陀。又流出佛菩萨充满的清净佛刹;还有净而不净的,不净而兼净的,不净的佛刹,使杂染的众生也得到清净。又流出一切众生,适应世间,用世间法去教化众生。又流出无数菩萨,或赞叹诸佛的功德,培养众生的善根;或宣扬初发菩提心所生的善根;或宣扬普贤菩萨的大愿妙行;或实行普贤行,使众生学一切智;或初成正觉,使菩萨成一切智。善财见了普贤菩萨这样的自在,不觉身心欢喜。善财再详细地观察,见普贤菩萨的身中,每一点上都有十方三世的一切世界;器世间的形形色色,都明白不乱。普贤菩萨的显现如来、有情、器界,不但是此间,十方一切佛刹的微尘中,也都是这样显现普贤的自在。在这样观察时,善财得了十种智慧:能念念中到一切佛刹,去见佛,恭敬供养,听法,思惟佛的正法,知佛的自在,得无碍辩才,观一切法的般若,入一切法界的大方便,知一切众生的心性,得普贤行者的智慧。那时,普贤菩萨伸出右手来,摩善财的顶。这一摩,善财又得了更深广的三昧。这摩顶与得益,也不但是此间,十方一切佛刹中的普贤与善财,也无不如此。普贤菩萨放下手说:"善财!你见我的大自在吗?"善财说:"见的。大圣!这真是微妙难知,怕唯有佛才能知道!"普贤菩萨说:"是!善财!这一切,哪里是容易得来!我记得,在不可数量的时劫中,我为了求大菩提,作了无数的大布施。凡是所有的一切,财物、权位、家属、身体,就是生命,也都舍了。我恭敬供养无数量的如来,在那里出家,修学佛法。在这悠久的时劫中,我记得从不曾起过一念的嗔害心,我我所心,感觉生死道长的厌倦心,障碍心。我只是坚定不变地修集一切智的助道法,为大菩提心而努力。善财!我所修的菩萨行,不论是净化世界,或者是教化众生起悲心,救护他们;供养诸佛与善知识;护持正法,哪一样不牺牲一切的一切。我所得的正法,没有一字一句不是从牺牲一切中得来。善财!我求索正法,都是为了一切众生:愿意他们听到正法,修习世间与出世间的智慧,得到暂时与究竟的安乐;愿意他们一齐来赞叹我们的佛陀。我过去的一切事业,何等广大!就是尽一切时劫去说,也说它不尽。善财!我有种种的能力,像功德力、善根、好求胜妙法、修功德、正观一切法、慧眼、佛威、大慈悲、清净神通、善知识力,所以得到了三世平等的清净法身与清净色身。这清净的色身虽也是超世间的,但适应一切众生的好乐,在一切世界的每一处所,现种种不同的身形,使他们欢喜。但是,善财!你应该看看我的清净法身,这可与色身不同了。这是无量劫中菩萨大行的成果,实在难见难闻! 那善根微少的声闻、菩萨,尚且听不到我的名字,何况见我的身体? 善财! 如有听见我名字的,或者见我的色相触我的身体的,迎我送我的,暂时跟从我的,梦见我的,都能不退大菩提。还有众生肯忆念我的,不问他片刻或者永劫;有见我放光动地的,这都不会再退失大菩提。总之,凡能见我清净法身的,必定生在我的清净身中。能见我清净佛土的,必生在我的净土中。他与我,不再是他与我,不妨是他与我,而实则契合一体。善财! 你应该观察我的清净法身!”

　　善财观察普贤菩萨的法身,见他一一身分中,有无边佛刹,如来出世,在大菩萨的围绕中,说种种法。又见身中的一切佛刹,有无边的佛化身,教化众生发菩提心。又觉得自己与普贤一体,在普贤身中的十方一切世界化众生。从前所游历的佛土,亲近的善知识,积集的善根、智慧……,比那见了普贤菩萨以后的,简直少得不可以数量来比较。现在,善财是获得了普贤菩萨的广大行愿,与普贤菩萨平等。不久,要与一切佛平等,像佛刹、佛身、佛行、佛的正觉、自在力、转法轮、辩才、音声、力、无畏、佛所住、大慈悲,这一切的不思议解脱自在,都要平等平等。

三三　一片赞佛声

　　菩提场中的普贤菩萨,是广大行愿的实现者。在他清净的心华中,正见了佛陀的真实。一种正觉的同情,从心的深处浮现,充满了一切法界。无限的崇仰敬爱,使他与同行同愿的普贤

行者,唱出无尽的妙音,颂赞佛陀的真实,一直到未来:

> "清净妙法身,三界无伦匹! 超出诸世间,有无不可说。
>
> 无依非不住,不去非不至;梦境如空华,我观佛如是。
>
> 佛海摩尼宝,随应而差别,非色非非色,似现无所得。
>
> 一切难为喻,喻所不能及! 虚空或可量,难尽佛功德!"

初级佛学教科书

二·一　　赞佛歌

来！来！来唱歌！大家来唱歌！大家来唱赞佛歌，求佛护念我。

二·二　佛的生日

四月初八,是佛的生日。佛生的时候,一手指天,一手指地说:"天上天下,唯我独尊!"

二·三　腊八粥

十二月初八日,是佛成道的日子。大家用红枣、花生煮粥来供佛,叫做腊八粥。

二·四　到佛寺里去

妈妈对觉民说:"到佛寺里去,不可到处吐痰,不可大笑大叫,不可攀折花木。这样,才是好的佛弟子。"

二·五　佛欢喜的东西

香花、鲜果供佛,功德是很大的。但佛最欢喜的东西,是肯听佛的话,照着佛的话去做。

二·六　怎样听佛法

佛法要好好地听。听了不明白,应该起来问。回去想一想:懂了没有? 忘记了没有?

二·七　不可说谎

天民欢喜说谎。老师说:"说话不诚实的,别人就不再信他的话。"老师讲牧童说谎的故事给他听。

二·八　行住坐卧

不要东张西望,一步步向前走。端端正正地坐,不要曲背低头。立要立得直。吉祥睡最好。

二·九　清　净

房屋要清净,衣服要清净,饮食要清净,身体要清净,还要注意内心的清净。

二·一〇　早　起

早上起来,我和妈妈到佛前,供香花,礼佛,唱"三归依"。

这才开始我们一天的工作。

二·一一　平安地睡了

晚上，工作都完毕了。我们烧香，礼佛，唱"三归依"。佛护念我们，我们平安地睡了。

二·一二　三归依

"归依佛，两足尊。归依法，离欲尊。归依僧，众中尊！归依佛竟，归依法竟，归依僧竟。"

三·一　我与佛有缘

我欢喜到佛寺里去：听佛的故事，看佛的图画，唱佛教的歌。妈妈说我与佛有缘。

三·二　贪心的孩子

天民到瓶里去拿花生，拿了一大把，瓶口小，手就不得出来，急得大哭大叫。妈妈说："你太贪心！少拿一点，手就可以出来了。"

三·三　空着手回来

有人到宝山去,什么也不拿,空着手回来,这太可惜了。如听了佛法,不相信,就得不到功德宝,那才真正可惜呢!

三·四　作　工

人人要生活,就应该人人做事,怎么可以好吃懒做呢? 所以古德说:"一日不作,一日不食。"

三·五　出家人的工作

出家人做什么工? 佛又做什么工? 佛说:我天天耕人的心田,撒下快乐的善种;信佛修行的人,就可以收获快乐的结果了。

三·六　勤劳好

勤劳好! 勤劳好! 石上磨刀刀锋利,用刀切泥刀钝了! 人人贪快乐,不知享受多堕落。少享乐,多勤劳,天天进步向佛道。

三·七　佛报母恩的故事

佛到忉利天去,为摩耶夫人说法,报答母亲的恩德。住了三个月,才从天上下来,那就是现在印度的三迦沙。

三·八　佛报父恩的故事

佛的父王病了,佛从远方来看病,为父王说法。父王死了,佛扶着父王的身体去安葬,尽着儿子的责任。

三·九　骂人骂了自己

有人骂佛,佛问他:"你送礼品给人,倘使不受,那怎么办呢?"那人说:"自己带回去。"佛说:"我也不受你的骂,请你自己带回去吧!"

三·一〇　爱护动物

天民欢喜捉蝴蝶。觉民说:"哥哥! 我们要爱护动物,不要伤害它们。它在空中自由自在地飞,不是很好看吗!"

三·一一　数罗汉

今天,老师教我们数罗汉。"一罗汉","二罗汉",一个个地数下去,谁数到了"十八罗汉",谁就起来唱佛歌。这个游戏很有趣。

三·一二　简要的佛法

　　觉民见了法师,就请法师讲佛法。法师说:"好! 我来教你最简单的佛法吧! 诸恶莫作,众善奉行,自净其意,是诸佛教。"

四·一　恭喜恭喜

　　新年见面,说一声:"恭喜! 恭喜!"希望大家快乐,见了他人的快乐,像自己得到快乐一样。这样,大家欢喜,自己的功德也增进了!

四·二　念佛会

　　妈妈从寺院里回来,对觉民说:"我去参加了星期念佛会。"觉民说:"下次我也要去。"妈妈点头道:"好! 可是你要一心念佛,不能说闲话!"

四·三　佛化家庭

　　觉民到外婆家里去,知道外婆和舅父们都是信佛的。觉民笑着说:"你信佛,我信佛,我们大家都信佛,我们是佛化的家庭。"

四·四 因 果

俗语说:"种麻得麻,种豆得豆。"因果是一定的;行善的一定得善果,作恶的一定得恶果。我们要多做好事,多说好话,将来才有光明的前途。

四·五 佛法像镜子

我们照了镜子,知道脸上有污秽,赶快把它洗掉。听了法,才知道杀生、偷盗……这些事是有罪过的,也就赶快不再去犯了!

四·六 老牛乞命

老牛替人拉车、耕田,做了一辈子的工。现在老了,主人要牵它到屠场去杀。走过寺前,老牛突然跑到寺门前,跪着不肯起来。主人被感动了,就留老牛在寺里放生。

四·七 远 足

昨天,我们到郊外去远足。小溪边,有一所佛寺,非常清净庄严。我们进去参观,向佛行礼。我听到一阵阵的钟声,心里真是欢喜极了!

四·八　敬　礼

合掌、问讯、顶礼，是佛教的敬礼方式。礼佛时，先要除去帽子，放下武器，然后绕佛三匝，礼佛三拜。这是佛教的最敬礼。

四·九　要尊敬出家人

出家的法师到我家里来，我爸爸拿日用品供养他。爸爸说："觉民！法师们的生活很清苦。一面学佛法，一面又弘扬佛法。有了出家人，佛教才流传下来。我们要感谢他们，尊敬他们！"

四·一〇　不要失望

你的身体健康吗？聪明吗？能干吗？假使你不及他们，也不要失望。佛说：人人是平等的，只要肯努力学习，努力改进，样样都会进步起来。

四·一一　怕什么

天黑了，夜深了，天民心里害怕，不敢一个人走，也不敢一个人到房里去睡。妈妈说："我们信佛的，时常记念佛，佛也就护念我们，像在光明里一样。佛护念我们，还怕什么呢！"

四·一二 好宝宝

好宝宝,听我道:睡得早,起得早,心里聪明身体好!孝父母,敬师长,努力读书信佛教。将来长大了,要行菩萨道。能自利,能利他,才是一个佛化的好宝宝。

五·一 佛诞庆祝会

今天,是释迦牟尼佛的圣诞。学校里开庆祝会,同学的家长们也都来了。首先举行浴佛礼,再演讲佛诞的故事。还有唱歌、跳舞、演戏。末了,同学们得到了佛诞的纪念品。大家口念"南无本师释迦牟尼佛",欢欢喜喜地回去。

五·二 佛的家

释迦牟尼佛,名字叫悉达多,本是印度迦毗罗国的太子。父亲叫净饭王,母亲叫摩诃摩耶。太子生后七天,摩耶夫人就过世生天了,所以太子是姨母摩诃波阇波提抚养长大的。太子十九岁时,与耶输陀罗结婚,生了一个儿子,就是罗睺罗。

五·三 信 心

有了指南针,走路才不会弄错方向。有了舵,船就不怕风浪的危险。我们对佛、法、僧三宝有了信心,就会生活得安定快乐了。经上说:"佛法大海,信为能入",所以信仰三宝,是学佛的第一步工作。

五·四　给孤独长者

须达多是舍卫城的大富翁。他到王舍城去,信仰了佛教。他就回到舍卫城,"黄金布地",买了祇陀太子的林园,修造精舍,请佛来弘法。须达多不但供养三宝,对慈善事业,如救济贫穷孤独的老弱妇孺,也尽力去做,所以大家称他做"给孤独长者"。

五·五　布施的功德

释尊进城去乞食。一个佣工的老妇人见了,心里很悲伤,因为她自己太穷,没有什么好布施的。他问佛:"锅里洗下来的米粒,佛也肯要吗?"佛欢喜地接受她的布施,说她的功德极大。有信心、同情心、施舍心,虽是小小的布施,也有很大的福报。

五·六　蛇头与蛇尾

蛇头与蛇尾,忽然闹起意见来。蛇头说:"你什么事也不做,只是跟在后面走。"蛇尾说:"你样样要争前,只知道贪吃。"大家赌了气,蛇头不再吃食物,蛇尾绕在树上不肯动。不到几天,蛇饿得要死,这才大家知道错了,又和好合作起来。

五·七　孔雀王的故事

美丽的孔雀王,一向记着他母亲的话,住在高高的雪山上,所以猎人没法捉到他。一天,孔雀王贪吃好玩,走到山下来,就被猎人捉住了。孔雀王责备自己说:"唉! 为什么忘记妈妈的吩咐,贪吃好玩,离开安全的地方呢!"到那时候,懊悔已来不及了!

五·八　看护病人

佛说:"病是人生的大苦。"从前,释尊曾给瞎眼的比丘穿针;又给患病的比丘洗身体,照顾他的饮食。佛为我们留下最好的榜样,我们应该学习佛的精神,多做看护病人、布施医药的功德。

五·九　觉民病了

觉民病了,妈妈赶紧给他请医生、服药,又求佛菩萨的保庇。晚上,妈妈给他讲佛的故事,安慰他。过了三天,病才好了。妈妈说:"这一次的病,是乱吃零食太多的缘故。你没有听佛说过:饮食没有消化,心里又想吃,是愚痴人吗? 以后可不要再乱吃零食了!"

五·一〇　木　鱼

寺里挂著大木鱼,同学见了,觉得很有趣。老师说:"你们知道这是做什么的? 我们平时不留心,就会说错、做错、想错,所以要常常警觉。传说:鱼是很警觉的,睡觉也不闭眼睛。所以用木鱼做号令,通通地打起来,要大家警觉,努力用功。"

五·一一　喝醉了酒的优陀夷

优陀夷是一位有神通的阿罗汉,连毒龙也被他降伏了。一天喝醉了酒,睡在路旁,人事不知。释尊见了说:"现在,他连一只青蛙也降伏不了。酒使人失去了知识与能力,胡说胡为,所以大家不得饮酒!"

五·一二　小小的过失

小朋友! 你不要以为这是小小的过失,是不关紧要的。要知道,小恶积多了,就成为大恶。你看! 屋檐的水,只是一滴、一滴,可是滴久了,就积满了大水缸。佛为了警诫我们,所以曾这样的说:"莫轻小恶,以为无殃! 水滴虽微,渐盈大器。"

六·一　释尊出家的故事(上)

悉达多太子到田野去游览,看见农夫在太阳下工作,非常辛苦。犁田的耕牛,被鞭打得皮破血流。犁过的田土,小虫都露了出来;空中的鸟雀,飞来吃它们。太子见到这求生活的艰苦,生物的自相残杀,引发了悲悯心。从此,太子时常想:要怎样才能解救世间的苦难呢?

六·二　释尊出家的故事(下)

悉达多太子又坐了车,到王城的四门去游览。看见了老人的发白、齿落、步行艰难;病人的或吐或泻,喘不过气,说不出话的苦况;死人被送往坟场。太子觉得:老、病、死,是人人逃避不了的苦痛。为了要解救这些痛苦,太子决定想出家去求道。在二十五岁的一个晚上,太子真的抛弃了富贵、家庭,悄悄地离开王城,出家求道去了!

六·三　摸　象

一群生来瞎眼睛的人,从来没有见过象。一天,听说象师牵着大象走过,大家抢着来摸,到底象是怎样的!摸着象腹的说:"象像墙壁。"摸着象脚的说:"象像树干。"摸着象牙的说:"象像光滑的铁棒。"摸着象鼻的说:"象像一条蛇。"摸着象耳的说:

"象像畚箕。"摸着象尾巴的说:"象像绳子。"大家都自以为见到了象的真相,哪知道明眼的象师正在可怜他们的无知。

六·四　猴子捉月亮

　　猴子们在河边的大树上玩。老猴子见到水里的月影说:"月亮落在水里了!我们来捉呀!"于是老猴子抱住了树枝;一只猴子衔住他的尾巴;这样一只衔一只,结成了一根猴绳,挂到水面上。但猴脚去一捞,水一动,月亮就不见了。唉!世间就多有这样的人,自以为聪明,费尽心力,去追求虚假的幸福。

六·五　爱祖国的释尊

　　憍萨罗的毗琉璃王统领大军,准备向迦毗罗进攻。迦毗罗是释尊的祖国。释尊知道了消息,故意坐在大军通行的大路边。毗琉璃王见了,过来问佛说:"世尊!为什么坐在这没有枝叶的大树下呢?"佛说:"大王!亲族的荫护,是人生的幸福。但现在,我要成为没有亲族荫护的人了!"琉璃王明白了佛的意思,就下令退兵回去。

六·六　归依三宝

　　人生了病,要请医生、服药,还要有人看护他,病体才会健康起来。我们生在世间,免不了痛苦,就像有病的一样;这就应该归依三宝了！因为，"佛"是大医王；"法"如药；"僧"如看病的护士。归依三宝，我们的身心，才有解除痛苦、得到平安快乐的希望！

六·七　五　戒

归依三宝，是内心的信仰。信仰了佛法，就要从行为上表现出来。佛教徒的行为，至少要奉行五戒。这是佛为在家弟子制定的，实在也是人人应该奉行的道德。不奉行五戒，就有堕落的危险！五戒是：一、不杀生；二、不偷盗；三、不邪淫；四、不妄语；五、不饮酒。

六·八　不要迷信

佛说："信因果的，明白真理的，哪怕是生命危险，也不会去迷信。"佛弟子不应该迷信外道。假使遇到家庭里不和睦，经济困难，身体患病，或者父母弟兄离散了，仇人来陷害你：这都不可以求神、问卜、扶乩、算命，尤其不可杀生去祭祀鬼神。因为这种迷信的行为，是不能离祸得福的，或反而引起苦痛的后果。

六·九　敬　法

一位比丘在讲堂里说法，大家安静地听。佛从外面来，走到讲堂门口，就站定了，免得扰乱了讲堂里的秩序。后来，佛对弟子说:"谁最尊敬法？那就要算是我了!"佛以身作则,教导我们。所以凡参加讲经、诵经、念佛的法会,大家一定要敬重法。遵守秩序,不得喧哗,这样的安静严肃,才算是尊敬佛法。

六·一〇　卍、法轮、莲花

卍、法轮、莲花,是佛教所尊敬的东西,都有一种深刻的意义。

卍,是佛胸前的德相,表示一切功德都圆满了。莲花,是芳香的、清净的,从泥里出来,却没有一些沾染。这表示了佛与菩萨身心清净,不会被世间的邪恶所染污,所以佛菩萨像都坐在莲花座上。法轮,表示佛说的法像轮子一样,转来转去,转到各处。佛法的推进,也就碾坏了邪恶的一切。

六·一一　郁阇迦(上)

郁阇迦是一位虔诚的佛教青年。一天,他来问佛:"世尊! 在家佛弟子,怎样才能得到现生的安乐呢?"佛说:"郁阇迦! 如做到四件事,在家人就能得现生的福乐了。四种事是:一、方便圆满:不论是务农、作工、畜牧、经商,或者做公务员、教师等,一定要有谋生的正当技能,凭工作而得到生活。"

六·一二　郁阇迦(下)

"二、守护圆满:从工作得来的财物,除了消费以外,要妥善保存,以免损失。三、善友圆满:要结交善友,切不可与凶险、放荡、虚伪的恶人作朋友。四、正命圆满:要量入为出,不可以奢侈浪费,也不可过分的悭吝,要有合理的经济生活。"释尊对郁阇迦的开示,实在是青年们求得良好生活的途径。

七·一　释尊的修学生活

悉达多太子放弃了王家的享乐生活,剃去须发,穿上袈裟,开始出家的修学生活。先访问了当时著名的宗教师,数论派的学者,但他们的道理不圆满,不能满足太子的愿望。太子于是到苦行林去,过了六年极刻苦的生活,但苦行也不能解脱人生的苦痛。太子又放弃了外道的苦行生活,先在尼连禅河里洗净了身上的污秽,又受了牧女供养的乳糜,身体的健康也增进了。这才立定主意,从不太苦不太乐的生活中,去发掘人生的真理。

七·二　释尊成佛了

悉达多太子离开了苦行林,来到菩提伽耶的菩提树下,决心修习禅观。魔王知道了,用魔兵魔将来威胁他;用转轮王的权位来引诱他;又派魔女来诱惑他。但太子的意志很坚定,魔王无法可想,结果是魔王被降伏了。

十二月初八日,明星出现的时候,太子豁然大悟,透彻了人生的真理。从此,大家称他为"佛",又称为"释迦牟尼"。这正是他三十岁的那一年。

七·三　尊敬长老的故事

猴子、象、小鸟，争论谁的年纪大，谁应该走在前面。象说："我小时候，这棵大树与我一样高呢！"猴子说："我小时候，大树方才发芽呢！"小鸟说："我吃了树上的果子，落下果核，竟长成这样大的树了！"象与猴子一起说："小鸟伯伯！ 你大！ 你大！你应该走在前面，领导我们。"

有时候，猴子骑在象背上，小鸟站在猴子头上，一齐出去游玩。民众见了说："鸟兽都知道尊敬长辈，怎么我们倒反而不如禽兽呢！"于是大家尊敬年长的，养成了善良的风俗。

七·四　孝养父母的菩萨

这是一则释迦佛的本生。猎人到山里打猎，发见一大群鹿，连忙一箭一箭地射去，被他射中了不少。一只鹿忽然站了起来，原来是披着鹿皮的青年，他已被箭射伤了。青年说："我的名字叫睒。我的老年父母，眼盲了，牙齿也落了。我每天披着鹿皮，混在鹿群里，取母鹿的乳汁回去，奉养我的老父母。好在受伤不重，否则我的老年父母，以后将怎样生活呢！"猎人听了，为他的孝心所感动，当时就把弓箭折了，立誓再也不作打猎伤生的事。

七·五　种福田

农夫将谷种下在田里，能得十倍百倍的收获。我们的财物如种在福田里,来生也能得百倍千倍的福报。拿财物供养父母;奉事师长;供养三宝,如建佛寺、造佛像、印刻佛经、供养僧众,这就是在可尊的"敬田"里种福了。拿财物办理教育文化、慈善事业,如救济灾荒、贫病、孤独、残废,建公园、凉亭,修道路,这就是在可悯的"悲田"里种福了。你曾经在"敬田"与"悲田"里种过福吗?

七·六　佛教的四众弟子

天民到寺里去,听法师讲经,见了好多出家人,他就问法师说:"佛教劝人出家,大家都学佛出家了,那不是破坏了社会与国家吗?"法师说:"你误会了! 学佛的人,有两类:一、出家的,男子叫比丘,女子叫比丘尼。二、在家的,男子叫优婆塞,女子叫优婆夷。出家是最难得的,在家的也可以学佛。在家的是信众,出家的是僧众。学佛的不一定出家,佛教有在家出家四众弟子,这哪里会破坏社会与国家呢?"

七·七　小鸟恢复了自由

笼里的小鸟生得非常美丽,时常唱着好听的歌。天民欢喜它,按时喂它吃,给它洗澡,以为小鸟幸福极了!

觉民看见小鸟时常呆呆地立着,有时又跳跃不停。有几次,受到了小猫与恶蛇的惊吓。觉民可怜小鸟,轻轻地把笼门开了,小鸟扑地飞出来,跳一回,叫一回,好像向觉民道谢,然后向天空飞去。天民知道了,直跺脚。父亲说:"弟弟放得好! 爱好自由,是众生的本性。你要自由,众生也要自由,怎么为了自己,把它关起来呢!"

七·八　放生的池园

爱护动物,让它们平安自由地生活,不致被人杀害,所以佛寺里成立了放生池与放生园。放生池里,养着各式各样的鱼,日子久了,有的长得很大。游客投下饼去,大家昂着头来吃,真好看! 杭州西湖的玉泉寺,放生池里有不同颜色的大鱼。"玉泉观鱼",竟成为游览的名胜了! 放生园里,牛、马、猪、羊、鸡、鹅,一类一类的,有人专门负责豢养他们。这些动物,都是佛教的信徒们不忍它们被杀害,买了送到寺里来的。

七·九　佛是神的老师

神教徒崇拜的神,有一位是自称"天地之主"、"人类之父"的天帝。他知道释尊成了佛,就从天上到人间来,虔诚地请佛说法。神说:"世尊! 我对于我的儿女——人类,实在没有救他们的方法了! 还是请世尊来慈悲教化吧! 人类是愚痴的,但也有善根熟了,会因佛的教导而得救的。正像含苞待放的莲花,一经日光照射,就会开花一样。"释尊接受了神的劝请,才开始弘扬佛法,天帝也就做了佛的弟子。

七·一〇　模范的传教者

富楼那想到西方野蛮民族中去弘法。释尊说:"那是极野蛮的,怕会对你不利!"富楼那说:"世尊! 为了传布佛教,我愿意忍受他们的侮辱。他们骂我、笑我,我感到满意,因为他们竟没有打我!""假使打你呢?"富楼那说:"世尊! 他们没有害死我,这我就快乐了!""真的害死你呢?""世尊! 为了佛教,我能献出我的身命,这是多有意义的事呀!"释尊赞叹他:"富楼那的弘法热情、坚忍精神,可为佛弟子的模范!"结果,富楼那使西方人信受了佛教,增进了他们的文明。

七·一一　精　进

佛与比丘们游行。在路上,佛想休息一下,要阿难给同行的比丘们说法。阿难给大家赞叹精进。佛听见了说:"阿难! 你赞叹精进吗?"阿难说:"是的,世尊! 我赞叹精进。"佛说:"精进是值得称赞的! 努力行善,名为精进。不但修行成佛非精进不可,就是世间的学问、事业,一切好事情,也都要精进才能成功。懒惰的,放逸的,只知道享受而不肯勤劳努力的,什么事也不会成功。精进是值得称赞的!"佛这样的称赞精进,大家要怎样精进,才不辜负佛的教训!

七·一二　好公民

　　在家里,肯信从父母的话。在学校里,肯信从老师的话。在世间,肯信从佛菩萨的话。听从值得信任的话,一定能走上幸福的路。在家里,能爱护兄弟姊妹。在学校里,能爱护同学。在世间,能爱护人类、爱护动物。常有仁爱"护生"的心,一定会有高尚的道德。在家里,知道报答父母的恩。在学校里,知道报答师长的恩。在世间,知道报答国家的恩、三宝的恩。知恩报恩的人,未来会有无限的幸福。这样的人,是好孩子、好学生、好公民。

八·一　释尊的弘传佛教

　　释尊接受了天帝的劝请,开始传布真理、救度众生的工作。先到鹿野苑去,教化从前跟从过他的五位比丘。在三个月里,使他们都得了圣果。当时,佛指示他们:不要过分享乐,也不要过分刻苦。当时所说的法,就是四谛,四谛是佛法的总纲。佛开始推进了佛法,也摧毁了邪恶的教说,像轮子转动一样,所以叫做"转法轮"。

　　教化了五比丘以后,释尊不断地弘法,出家的僧众、在家的信众,一天天多起来。不久,就成了世界最伟大的宗教。

八·二　释尊的入涅槃

释尊八十岁那一年，带着弟子们从毗舍离到拘尸那。虽然知道快要离开人间了，但还是一路教化。二月十五日，到了拘尸那，睡在两棵娑罗树的中间。外道须跋陀罗，听说佛要入涅槃了，就赶来请问，佛教诲他，使他成为佛的最后弟子。末了，佛又对弟子们说："大家要自己努力去修行！要尊重戒律！大家不用悲伤！佛的生身过去了，但法身是永远在人间的。"就在这天半夜里，佛安详地入涅槃了。

从释尊涅槃到现在，已有二千五百多年了。但他慈悲救世的精神，从大智慧来的高深教理，永远留在人间，受到人类的信仰与尊敬。

八·三　大迦叶与阿难

在佛的弟子中，大迦叶是一位年老的上座，他过着谨严淡泊的生活。有一次，释尊见他来了，就让他一起坐，他得到了僧团内最高的荣誉。佛入了涅槃，大迦叶就成为僧团的领导者了。阿难是佛的堂弟，是一位非常聪明的青年比丘。他做佛的侍者一共二十五年，不离佛的左右。佛说的法，阿难能全部记诵下来，所以称他是"多闻第一"。佛涅槃后，大迦叶发起结集佛说的大会。佛经，就是由阿难诵出，经大会公认的。大迦叶与阿难，为佛的二大弟子，对佛教的贡献极大，所以寺院里每塑了迦叶与阿难的圣像,一老一少,侍立在释迦佛的两旁。

八·四　四　谛

　　医生治病,有四个过程:一、诊断为的确有病。二、查出了病的原因。三、如除去病因,一定能恢复健康。四、除去病因,治疗病苦的方药。

　　佛是大医王,治疗我们的生死大苦,也分为四谛。一、苦谛:生老病死,实在是人人免不了的苦痛。二、集谛:为什么有苦痛?苦的原因,就是我们心里的烦恼。三、灭谛:如除去了烦恼,灭度一切苦厄,就能得永恒的福乐。四、道谛:唯有八正道,才是离苦得乐的方法。佛所说的苦、苦的集(因)、苦的灭、灭苦的道,这四种是最正确的、最真实的,所以叫做四谛。我们如照着佛说的四谛去修学,就能解脱生死的忧悲苦恼了。

八·五　八正道

　　佛教的修行方法,主要是八正道,也就是八种正当的道路。

　　一、正见:正确的见解。

　　二、正思惟:正确的思想。

　　三、正业:身体的正当事业,至少要做到不杀、不盗、不邪淫。

　　四、正语:真实的、有益的语言。

　　五、正命:做合法的职业,得到正当的生活。

　　六、正精进:行善止恶的努力。

七、正念：正当的忆念，时时把佛法放在心里。

八、正定：有益身心的精神集中。

如修学这八种正道，就会得大觉悟，解除苦痛，实现自救救人的目标。

八·六　小鸟救火

山林里忽然失火，火势迅速蔓延开来。一只小鸟，飞到溪边，把羽毛浸在水里，然后飞到火烧的山林上，扑着翅膀，洒下些少水滴。这样的，它回到溪边取水，又飞向山林；不断地往来，不断地洒下水滴。天帝见了说："愚痴的小鸟！你在做什么呢？你身上的水滴，对于这样的大火，有什么用呢？"小鸟说："是的！天帝！山林是我的故乡，是我的祖国。我的父母、弟兄、朋友都生长栖息在这里，我难道忍心坐视故乡与亲属的毁灭吗？为了故乡与亲属的灾难，我只是尽心尽力来救济，别的我怎么知道呢？"天帝听了，大大地受到感动，立刻下大雨，扑灭了山林的火灾。

八·七　烦　恼

什么是贪？不是自己的，不是自己所应得到的，越想越爱，想尽方法去得到它：叫做贪。什么是嗔？凡是不合自己意思的，或阻碍自己的，就大发脾气；恨它，怨它，骂它，打它：叫做嗔。什么是痴？不明白是非，不知道善恶，不相信因果，颠颠倒倒，胡思乱想：都叫做痴。什么是慢？自己以为了不起，瞧不起别人。明明是别人的好，却心里不服气，觉得一切都是自己的才对：叫做慢。

贪、嗔、痴、慢，就是我们心里的不良分子。有了这些，心里就会发烦，就会苦恼，所以叫做烦恼。

八·八　忏　悔

瓶里盛着污秽的东西，那不论放下什么，吃了都是有害的。如除去污秽，洗清净了，再放下食物、药品，吃了才于人有益。我们的心，早就被烦恼污秽了，被恶业毒化了。谁也做过不好的事吧！我们的不良行为，对自己、社会、国家、佛教，都会引起不良的后果。这种罪恶因素，藏在人的心里，如瓶里藏着污秽一样。说到忏悔，就是承认自己的过失，洗净罪恶的方法。经上说："有罪当忏悔，忏悔则安乐。"就像洗净了瓶里的秽物，可放有益的食物一样。小朋友！我们来在佛前忏悔吧！"我昔所造诸恶业，皆由无始贪嗔痴，从身语意之所生，一切我今皆忏悔。"

八·九　狂人得救

佛是大医王，能治人的心病，也能治身病，这里是一则实例。舍卫城有一妇人，她在一天内失去了一切：丈夫在田里被毒蛇咬死了；房子失火烧去；儿子又落在河里，不知去向。她失掉了一切，心里又悲伤，又着急，就发起狂来。裸着身体，满街乱跑，逢人就问："我的丈夫与儿子,你见到他哪里去了,几时回来呢?"
这个人太可怜了! 一天,她忽然到祇园来,佛正在说法。妇人远
远地望见了佛,佛的慈光照临她,她倐地清醒过来。佛叫人拿衣
服给她穿,然后为她说法。她不再悲伤,也不再狂乱了,从此安
心地做一个佛化的新人。

八·一〇　平等主义

　　世间的阶级不平等,种族不平等,神教徒每每假借神权,维
持那种不平等,把这种不平等,看做上帝的意思。

　　佛说:人类是平等的。如印度的四大阶级,刹帝利是田主、
武士、王族;婆罗门是祭师、学者;吠奢是农夫、商人;首陀罗是工
人。这些,都是职业的分化;及因为知识、贫富、体力的差别,才
造成这种不同的阶级。其实,大家都是平等的,什么人都可以进
步,可以堕落,可以修行得解脱。所以在佛教的僧团里,没有贵
贱,不问他什么阶级,一出了家,就同样的称为"释迦(族的)弟
子"。佛教,是平等主义的实行者。

八·一一　轮　王

　　轮王出世,是世界大同的时代。轮王运用什么方法来统一
世界呢? 轮王有七宝:一、女宝,是贤德的王妃。二、主兵臣宝,
是长于作战的军事领袖。三、主藏臣宝,是长于理财的财政大
臣。四、马宝,五、象宝,是快速的交通工具。六、珠宝,是大军驻

扎时,照亮黑夜的珠灯。七、轮宝,是威力无比的圆形武器,从千里万里外飞来时,能毁灭一切敌对的力量。轮王有了这七宝,就统一了世界。轮王的统一世界,不是为了扩大领土,掠夺财富,是为了"正法治世"。轮王主要的命令,是要大家奉行五戒、十善,发展人类的仁慈精神;使世界的每一人民,都能过着和平、自由的幸福生活。

八·一二　龙华三会

弥勒下生成佛,是世界大同、佛法兴盛的时代。大家要参加盛会,不错过这机会才好! 弥勒菩萨现在兜率天上。经上说:我们如归依三宝、孝养父母、供佛及僧、多修慈善事业,再加恳切发愿:"愿我来生,见佛闻法。"时常称念"南无当来下生弥勒佛",那么,来生会先到兜率天,听弥勒菩萨说法。等到弥勒菩萨到人间来成佛,就会跟着到人间来。那时,不但轮王出世,大家过着和平快乐的日子,而且亲逢弥勒成佛,在龙华树下三会说法,得到佛法的无上福乐。这是好的时代,也是容易逢到的时代。大家来发愿,来参加这"龙华三会"的运动吧!

高级佛学教科书

一·一　佛经的编集

　　释尊入涅槃以后，佛教界的第一件大事，就是"结集三藏"。在佛灭的那年夏天，为了保存佛法起见，由大迦叶发起，在王舍城的七叶岩，与五百大阿罗汉，结集佛的遗教。结集，是经大众共同审定编集的意思。当时，佛所开示的法义部分，由阿难诵出，经大众公认，名为经藏。指示戒律的部分，由优波离诵出，经共同审定的，名为律藏。还有论辨义理的部分，名为论藏。经、律、论三藏，总括了释尊遗教的一切，为千百年来佛弟子信受奉行的圣典。当时的护法，供给一切的，是摩竭陀国的阿阇世王。三藏传到了中国，又把中国大德有价值的著作加入而合编起来，称为大藏经。

一·二　佛教的乐曲

　　佛在世的时代，鹏耆奢是一位能作歌偈来称叹三宝的法师。

后来,佛教的音乐逐渐发达;大德们每每作偈来说法,而偈颂都是可歌唱的。到西元一世纪,佛教的文艺大师——马鸣菩萨作三契经。三契就是三节:先歌赞三宝,次诵经或讲经,末了唱回向颂。佛教的法事与歌赞结合起来,成为后代佛教法事的典范。马鸣又作嚹吒和罗伎,这是佛化的歌剧,感动了好多人来学佛。佛教传到了中国,陈思王曹植首先作成鱼山梵呗。他是根据印度与西域的梵音,配合了中国的音调。佛教的音乐大大发展,一直流传到现在。良好的音乐能激发人的信心,所以适应这一新的时代,弘扬佛法,要有更多更好的歌赞乐曲。

一·三　那烂陀寺

那烂陀寺,是古代印度的最大佛寺,也是佛教的最高学府。那烂陀寺在印度的摩竭陀国,经历了六代帝王的不断增建,在西元六、七世纪间,成为拥有八大院的大寺。寺里常住僧众一万多人,有一百多所讲堂,每天都公开地讲说佛法。就是世间的外道、文学、医学、工巧、论理学等,也都有研究讲习的。寺内的规律极严,成为有德有学的模范道场。国王捐出了一百多城的租税,供养寺内的僧众,大家因此能安心地求学。那烂陀寺出了好多的大法师,使佛法大大地兴盛起来。可惜在回教军侵入印度时,被他们焚毁了。近代的印度政府,发掘出那烂陀寺的遗址,供人参观,成为佛教的著名古迹。

一·四　汉明帝的梦

东汉的明帝,梦见了一位金色而项背有圆光的圣人,在宫殿中自由自在地飞行。这是多么离奇的梦呀! 明帝与大臣们商议起来,有人以为:这可能是天竺的大圣人——佛;也许佛的教法,要流传到中国来了! 不久,大月氏的比丘——摄摩腾,真的骑着白马,载着佛像、佛经,到了当时的首都洛阳,符合了明帝的瑞梦。明帝非常欢喜,特别给摄摩腾建立了一所白马寺,作为奉佛、安僧、弘法的道场。

当时的佛教,早已在中国民间流行了。这一次受到了王室的敬信,中国佛教才加速发达起来。所以,佛教史上都说这是佛教最初的传来。从那时到现在,佛教在中国已有一千九百多年的历史了! 现在的《四十二章经》,就是当初翻译的佛经。

一·五　佛为伽弥尼说法

伽弥尼来见佛,觉得各种宗教都有祈祷天神、求生天国的方法,佛为什么不说呢? 佛如也开示这个法门,那就更好了!

佛说:"伽弥尼! 如果把大石投到河里,岸上聚着好多人,大家虔诚地祈求天神,希望大石浮起来,你以为这是可能的吗?"伽弥尼说:"世尊! 这是不会浮起来的。"佛说:"是的! 假使人造了很大的恶业,就使大家为他祈祷天神,求他生天,也是决不可能的。由于恶业,他自然会堕落地狱。伽弥尼! 如把油倒在河里,岸上聚着好多人:主呀!主呀!大家虔诚地祈求天帝,希望油沉下去,不要浮起来,这你以为有可能吗?"伽弥尼说:"世尊!不会的!油一定要浮上来。"佛说:"是的!如人造作善业,那谁也不能使他堕落。由于善业,自然会上生天国。作善业的上升,作恶业的下堕,这是一定的因果法则,决不是因为祈祷天神而可以改变的。"

一·六　因　缘

俗语说:"晚上从天上落下满地的黄金,也要早一些起身去拾。"这是说:虽然人人可得,人人有份的,也还要自己去努力一番。有些愚人,相信好命运、好风水、拜神、拜鬼,不知道自己努力,结果都是会落空的。

到山上去采矿的,有的掘出黄金来,有的却什么都没有。山里本来没有矿产,那当然采不到什么了。这如世间人,有的小小努力,就衣食丰足,事业成功。有的费尽气力,还是达不到目的。这怪谁呢?自己前生没有修集福因呀!佛说:人的贫富、愚智、寿夭、穷通,由于前生的业因,也由于现在的助缘,这是佛法的因缘观。如专说前生命定,或者只说现生功力,那都不合佛法了。

一·七　修福与修慧

某罗汉出去乞食,没有得到饮食,饿着肚子回来。经过象厩,看见国王心爱的白象满身都披着璎珞。罗汉慨叹地说:

"唉！你不如我，我也不如你！"白象听了，从此不再吃东西。象师告诉了国王，请罗汉来问："你念了什么咒，竟使我的爱象不再饮食了？"罗汉说："大王！我与白象，前生是佛法中的同学。我专修智慧，不修福德，所以现生成了罗汉，还是没有福报，饿着肚子回来。他呢，前生好修福德，却不修智慧，不持戒律，所以今生堕落在畜生中；但福报大，受到大王的丰富供给。我见到了这，所以说：唉！你不如我，我也不如你！白象不再吃东西，可能是懊悔了！"国王听了，点头感叹说："福慧双修，才是学佛的正道。"

一·八　大名长者

　　毗琉璃王的军队攻下了迦毗罗城，残酷屠杀的恶运临到了无辜的平民身上。佛的信徒——大名长者，来见毗琉璃王说："王呀！我是迦毗罗国的摄政者，是你的外祖父，我向你作最后的唯一请求！请你在我投水自杀，而尸身还没有浮起时，暂时停止屠杀，好让无辜的平民逃去吧！"毗琉璃王答应了。大名长者跳下水池，但很久都不见他的尸身浮起来。毗琉璃王叫人下水池去打捞，发现大名长者在自杀时，把头发绕在水池的树根上，不让自身浮起来，好使国人逃去。毗琉璃王见到大名长者的悲壮行为，心里受到感动，才下令停止杀害。大名长者深受佛的教化，舍身命来救护同胞，这是怎样的值得尊敬，值得效法呀！

一·九　轮回歌

太阳,月亮,从西方落下,还会从东方升起。草木,冬天枯了,春天又开始发芽、开花。大海的波浪,一层层地退下去,又不断地涌起来。从古以来的国家,旧的衰亡了,新的又从废墟上建立。我们呢,死了又生,死了又生,从前生到今生,今生到来生,一生生地轮回不息。这就是人生世间的真相。

一·一〇　六道轮回

我们死了,依着自己的善恶业力,得到善恶的果报。一生一生的延续,叫做轮回。轮回不出乎六类,所以又叫做六道轮回。一、或生在人中。二、或生在天上,天有三界(欲界、色界、无色界)二十八天的层次。三、或生在阿修罗,这是从天上退落而住在大海中的,欢喜与天帝作对。四、或生在旁生,也叫畜生,就是鸟兽虫鱼,种类极多。五、或生在饿鬼。六、或生在地狱:有被烈火焚烧的地狱,也有被风雪冰冻的地狱。在这六道中,生来死去,就是生天也还是要堕落的。所以学佛的最后目标,是超出这轮回,解脱生死,成为大自由的圣者。

一·一一　鬼、神、天(上)

中国古人说:人死了为鬼,其中有功德于人类的,成为神。

这说得大致不错，但还有一些不对。佛说：人死了，一部分成为鬼。为什么叫做鬼？鬼是依赖他人而生活的，有的"无财"，福报差，经常没有吃的喝的。有的"少财"，虽能得饮食，但不一定有，有时也不够。这也还是要挨饿的，所以鬼也叫饿鬼。有的"多财"，福德大，吃不了，喝不了。

为什么叫做神？神是能力大（在我们看来，简直不可思议），自以为应该主宰人类、奴役人类的。所以，"少财"、"多财"二鬼，也就是邪神与功德正神了。少财鬼如无业的流氓，多财鬼如地方的官吏。

一·一二　鬼、神、天（下）

人死了，一部分成为天。天就是神吗？不一定。天是光明的意思，有光明为善的高尚德性，叫做天。因此，"少财"与"多财"二鬼，虽可以称为神，却不能说是天了。天有二十八级：第一叫四王天，带着部属，分别治理一方。第二叫忉利天，推行仁政，如一国的帝王。这与道教的玉皇相等。到第九天，叫做大梵天，等于统一世界的大王。他自称"万物之主"、"人类之父"，这就是一神教的上帝了。这些天，都有统治主宰的权力，所以也就称为神。他们虽有光明为善的德性，但自以为是主宰者，要人无条件地服从他。如不合他的意思，他还是要伤害人类的。以上，还有十九天，再不顾问人间事，好像隐逸的仙人。他们不顾问人类，所以只可称为天，却不可叫做神了。

总之，鬼是低级的，天是高级的。神在鬼与天之间，有的是高级的鬼,有的是低级的天。这都轮回在生死苦海以内,所以佛弟子,不归依鬼神及诸天。

二·一　阿育王

阿育王,是佛教的大护法,是印度最著名的大王。大王治世的时代,在西元前三世纪。阿育王信仰佛法,觉悟到武力征服是残酷而罪恶的,所以放弃武力,而努力传布"正法"来救世。他颁布了宗教与道德的法令,通告全国,要大家来遵守,因为这才能获得真正的自由和平与繁荣。诏令都刻在石崖上;这种摩崖石刻的诏令,仍旧是现代印度人民所景仰的。大王在国内,到处救济贫病,注重公共的福利;派出"正法大臣",在国内宣扬道德;与希腊等邻邦也维持友好的邦交,增进国际的和平。

大王亲自去巡礼释迦佛的圣迹;在岚毗尼园(佛诞生处)等地,都建立石柱,并刻石作纪念。又造了八万四千塔,将佛的舍利分藏在塔里,让各地的信徒都有礼佛致敬的机会。又派遣传教的代表团,到锡兰、罽宾、希腊人中间,去弘扬佛法。佛教成为全世界的觉音,不能不感谢阿育大王的功德! 在佛教徒看来,阿育王的政治,便是轮王的政治。

二·二　佛教的南传与北传

阿育王时代,努力于世界佛教的运动,派遣传教团,到各国去弘法。其中最有成绩的,要算摩哂陀与末阐提了。

　　摩哂陀传佛法到印度东南的锡兰岛，属于上座部，巴利文系的佛教。后来，锡兰也曾弘扬大乘，有大寺派与无畏山寺派的对立。但末后，大寺派大盛，大乘教衰落了。从锡兰又传到缅甸、泰、高棉、寮。这称为南传的佛教；虽然教区不大，信众不多，但造成举国上下一致的信仰，成为现代佛教最坚强的一派。

　　末阐提传佛法到印度西北的罽宾国，属于一切有部，梵文系的佛教。等到大乘佛教隆盛，就胜过了有部。从罽宾传到西方的吐火罗（今阿富汗）、安息（今伊朗）；又越过帕米尔高原，传到今属新疆省，古称西域的龟兹、于阗；又从此东来，到达了中国。大乘佛教在中国有了高度的发展，又传入朝鲜、日本、安南。这被称为北传的佛教，也就是中国为中心的佛教。近代，二大佛教有着统一融和的趋势。

二·三　五　戒

　　五戒，是人伦的道德，与儒家的五常——仁义礼智信相通，所以是人人应该奉行的。不持五戒，就是不尽人的本份，人格不够完全。一、不杀生：人都是爱护自己的生命，不愿别人来伤害，所以也不应该去伤害别人。就是动物，也不应该故意去伤害，才能养成仁慈的性格。二、不偷盗：凡不属于自己所有的一切，不应该侵占、劫夺、偷取。就是路上的遗失物，也不应该偷偷地藏起来。不偷盗，才能养成公私分明的廉洁。三、不邪淫：除合法的夫妇以外，对别人的丈夫或妻子，或青年男女们，不可非法的，或故意去引诱他，使他们脱离家庭，扰乱了家庭的和乐。四、不妄语：是就是，不知道就不知道，要诚实地说话。人与人间的互谅互信，就要从不妄语做起。特别是，不可以为了自己的友好，或是自己的怨敌，而作歪曲事实的假见证。五、不饮酒：酒能伤害身体的健康，影响精神的宁静，使人类堕落到愚痴、偏激、狂悖，所以应该戒绝。凡是一切有刺激性的不良嗜好，都应该戒除。

二·四　十　善

佛说五戒，又说十善，十善是比五戒要深一些的道德，是求生人间天上，也是成佛的必修法门。十善是：不杀生，不偷盗，不邪淫，不妄语，不两舌，不恶口，不绮语，不贪，不嗔，不邪见。不杀、不盗、不邪淫，是属于"身业"的德行，与五戒一样。属于"语业"的，有四：不妄语，是不说谎，不作假见证。不两舌，是不挑拨是非，不向甲说乙，向乙说甲，破坏别人的友好。不恶口，是不骂人，不说刻薄话，讽刺别人，使人受不了。不绮语，是不说诲盗、诲淫的闲话；听起来好听，其实是与人有害，至少也与人无益。言语方面，要戒除这四类；在文字方面，也是要戒绝。为什么身业与语业，会有这样罪恶呢？还不是内心的烦恼在作怪；所以进一步要注意到"意业"。如人的心意中，贪欲心强；或者嗔心大发；或者思想错误，邪知邪见，自以为是，那就会造作杀、盗等罪恶了。所以，不起贪、嗔、邪见，才能完成善业。注意身体与语言的行为，更注意到内心的动机，佛就说这十善法；这也是人人应该遵行的道德。

二·五　家家弥陀、户户观音(上)

俗语说:"家家弥陀,户户观音";阿弥陀佛与观音菩萨的信仰,在中国是普遍极了!

阿弥陀佛现在西方的极乐世界。极乐世界,是有名的净土。地方是:平坦、清净、整齐、光明,到处都是金银珍宝。林园是那么优美!宫室是那么富丽!飞鸟经常唱起佛曲,微风又不断送来法乐。花雨缤纷,池水荡漾,这是多么好的世界!最难得的,净土里物产丰富,尽管大家随意取用,决不会发生生活困难,也没有贫富的差别。在这里,大家同修佛法,互相友善,如兄如弟,也决没有人事纠纷。生到这里,身体上再没有老病死苦,心里也不起贪嗔痴毒。阿弥陀佛在从前修菩萨行时,发大愿,为我们建设这样的净土。"无有众苦,但受诸乐",让大家享受到平等、自由、清净、丰富的幸福。住在这样的环境里,没有不专心一意修学佛法而进步的。所以古今来的佛教信徒,很多是愿意往生极乐世界的。

二·六　家家弥陀、户户观音(下)

观音菩萨,常住在南海的普陀(洛伽)山说法。观音菩萨修学的,叫做"大悲法门",所以到处"寻声救苦"。人类遇到了一切灾难、危险、恐怖、疾病,如能专心一意地虔诚称念"南无大悲观音菩萨",就会得到感应,逢凶化吉,遇难呈祥。观音菩萨救苦救难的事实报告，太多太多！几乎每一位佛弟子，都有过这样的经验。观音菩萨，最能适合众生的要求：对什么样的众生，表现什么样的身份，说什么样的法门。所以说："应以何身而得度者，即现何身而为说法。"菩萨大慈大悲的柔和精神与女子的慈爱相近，所以观音菩萨特别为万万千千的女众所信仰，菩萨也就时常化现为柔和慈忍的女身。我们在这一生中，要信赖观音菩萨的护念，引导我们，救护我们，才能得到平安幸福；又要信赖阿弥陀佛的悲愿，来世往生极乐世界，这可说是最理想的了。

二·七　佛法救世的目标

佛教的目的，着重在救济世间，这是大家都知道的。但到底要救济世间，使达到怎样的理想呢？

佛法救世的目标，简约地说是这样：一、人人是平等的，人人都要成佛。二、促成知识的进化，完成种种事业。三、发展丰富的物产，让大家可以尽量地受用。四、使人类离邪道而向佛道。五、戒行清净，不作种种害人害己的罪恶。六、身心健全。七、贫病的都得到救济。八、女子成为男子一样。九、不受恶魔外道的欺骗。十、犯罪的改过自新，不用刑法的治罚。十一、肉体与精神，都得到良好的营养。十二、大家能得到精美的衣服、日用品与娱乐品。东方世界的药师佛，曾发过这样的大愿，建设与极乐世界一模一样的净土。这可以说，这就是一切佛救人救世的真正愿望。佛弟子要依着这一目标，去发愿，去实行。

二·八　龙树与无著

在印度大乘佛教的兴盛里,龙树与无著,是两位最杰出的菩萨。龙树是南印度人,本来就是世间的大学者。起初,他追求世俗的欲乐,后来觉悟了,才在佛法里出家。他到北方来修学,在雪山的老比丘处读到大乘经。又在东南海滨,大龙菩萨那里,读到《华严》等大乘经。依着修习,深彻地悟入了人生的真相。他回到南方弘法,著作很多,最有名的是《中观论》,依龙树的学风而修学的,成为大乘空宗,也叫中观宗。

无著是北印度人。他出了家,到中印度来参学。起初学习小乘,后来才修弥勒的大乘法门。苦学了十二年,才能悟得。他在阿瑜陀国,亲从弥勒菩萨修学,又为大家讲说;把它编集出来,名为《瑜伽师地论》。无著自己的著作也很多。他的弟弟世亲,继承他的法门,而更大地弘扬起来。后来就成为大乘有宗,也叫做瑜伽宗。这两大派,是印度大乘佛教的正宗。

二·九　前生与后世的开示

天民不信前生,也不信后世。他说:"我不信,我没有看见。"法师讲了一个佛说的开示给他听。

有人从高山下来说:"高山上有几百丈宽的大石,几十丈高的大树,还有几十里方圆的大水池。"久住平地的村民说:"我们不信,我们没有见过。"山民说:"你们顺着这条山路,上去察看

一番,就可以证实了。"村民说:"我不信,所以不听你的话去察
看。高山上哪里会有大水池,哪里有这么大的石头与树木呀!"
佛说:"我也是这样。依着正法去修行,到达高上的境地。我知
道前生,知道后世;我告诉人,他们不肯信。可怜的愚痴人呀!
你们没有修行,没有清净的慧眼,所以不能知道。但为什么不依
正法修行,亲自去证实一番呢!不信我的话,又不肯亲自去察
看,这也算是聪明人吗?"

天民听到这里,向法师忏悔说:"法师!我太愚痴了!从今
以后,我要信仰佛的教说,依佛指示的道路,从实践中去证
实它。"

二·一〇　深山的古城

有人在深山里游行,忽然发现一条平坦而宽广的大路。顺
着大路前进,越走越远,发现了一所山城。城里有曲折的溪流,
婉转的鸟声,富丽的亭阁,鲜美的花木。既没有毒蛇猛兽,蚊虻
蝇虱,气候又不冷不热,这真是清净的乐土!那人在城里,享受
到从来未有的幸福。他回到山下来,逢人宣说,劝人依着古道,
去清净的山城,享受无比的福乐。然而这对于不信的人,是没有
益处的。

这是释尊巧妙的比喻。这是说:释尊在修行的过程中,发见
了一切佛所行的八正道,到达了一切佛同证的涅槃城。到了这
里,一切苦痛、矛盾、纷乱,完全休止了,有的是平等、自由、永恒
的福乐。释尊从大觉悟中,得到大解脱,这才向人们说法,劝大

家修习正道,求得涅槃的常乐。信佛而遵行佛法的人,有福了!

二·一一　丛林巡礼(上)

潮音寺是有名的大丛林,大家想去而始终没有去,因为离我们太远了。这次春假,学校发起去潮音寺旅行,老师带我们去参观,又一样样地讲给我们听。

汽车走了两小时,才到达潮音寺,寺在海边的山坡上,风景极好。进了"山门",先到"放生池",鱼类都自由自在的,抢着吃我们投下去的饼干。到了"天王殿",首先见到满面笑容、大腹踞坐的弥勒菩萨,表现了和平欢喜的精神。两旁站着高大威武的四大天王;向内还有韦驮天将,这都是护法神。向中间进去,宫殿式的"大雄宝殿",高大庄严极了! 中间供释迦牟尼佛;阿难与迦叶,站在两旁。大磬与大木鱼,老师不准我们去乱敲。左右的圣僧像很多,老师说是十八罗汉。佛座后面,塑成海岛风景,供奉观音菩萨。再向中间进去,又是一所大殿,名为"法堂",是讲经说法的地方。再向前进,有"藏经殿",一列列的经橱里,放着藏经。经橱上金书"钦赐龙藏",听说经是从前国王赐给的。再进到后面去,平列的房屋很多。中间名"方丈室",是寺院主持人的住处。

二·一二　丛林巡礼(下)

我们再到两边去参观,有名为"斋堂"的,就是餐厅。斋堂非常大,我们恰好见到四、五百位比丘在吃饭。有"行堂"的,往来添饭添菜,极有秩序,肃静得一点声音都没有。又到"大寮"去,这就是厨房。啊哟!那口千人锅,又大又深,真的吓了我们一跳。大捆大捆的柴,一直往灶门里送。经过"禅堂",大门闭着,听说是修行的地方,我们不敢进去。到了"库房",这是管理经济及一般事务的办事处。到了"客堂",大家休息喝茶,知客师慈和地招待我们。老师说:佛教的大丛林,是很有组织的,可以分成两部分:禅堂是僧众的教育机构;此外,库房是总务与财务,客堂是司法及交际,这都是办事务的。上面,由方丈统理一切。

下午四点钟,大家才尽兴而返。这次潮音寺的巡礼,大家都非常欢喜,赞叹丛林的伟大庄严,佩服寺院的秩序。住着五百多人的寺院,不见有闲逛与闲话的,大家都精进用功,这真太难得了!

三·一　盂兰盆会

佛说:父母对于我们,恩德是大极了!做儿女的,一定要孝顺父母,报父母的恩德。你虽然尽心力去孝敬,也还是报不尽父母的恩。做孩子的,要听父母的话,使父母欢喜。长大了,要好好地立身做事,孝养父母,使父母身心安乐。父母死了,也要纪念父母,使父母离苦得乐。

从前,佛的大弟子目连尊者,得道以后,知道他的母亲因为不信三宝、杀害生灵,死后堕在饿鬼中受苦。目连孝心恳切,却没有能力救她，只得请佛设法。佛说："七月十五日，是佛欢喜日。在这一天，如能诚恳地布施，供佛及僧，凭这供佛的布施功德，得到一切佛的护念，才能度脱鬼趣的苦难。"这就是盂兰盆法会的来源。盂兰盆，是救倒悬的意思。七月十五日，佛教举行盂兰盆法会，这一天恰好是中国的"中元"节。从此，每逢中元节，民间都举行盂兰盆会，可说是佛教的孝亲节了。佛教对过去祖先的忆念、救护，比起儒家的"慎终追远"，要恳切得多，彻底得多！比起神教徒，对于死后的祖先父母，毫无忆念救护的孝心，高尚伟大得多了！

三·二　善财与龙女

　　站在观音菩萨两旁的青年男女，你知道是谁？让我来告诉你。男的是善财童子，是印度福城的富家子弟。他受了文殊菩萨的教化，决心要修学菩萨道，这才遵从文殊的指导，到各处去参访明师，一处又一处，留下了"五十三参"的佳话，成为佛教青年好学的模范！善财的发心很大，从来没有"得少为足"，真是"好学不厌"，一直在追求真理的修学中。他在南海的普陀山见到了观音菩萨，菩萨教他"大悲解脱法门"，应怎样的救济人类的痛苦。女的是龙女，也是文殊菩萨所教化的。她在八岁的时候，来参加释迦佛说《法华经》的法会。她奉上了明珠，供养释迦佛。她的功德圆满了，就到南方世界去成佛。这是青年成佛，也是女子现身成佛的榜样。

　　善财与龙女，为青年学佛的好榜样。佛法的修学，没有男女间的不平等,也不分老年与少年。只要能真诚地发心修学,谁都能成佛的。他俩代表着青年的男女,儿女一样的敬仰观音菩萨,观音也是慈母一样的护念他们。这一幅画,是中国佛教徒最欢喜的一幅。

三·三　自救与救他

今天报上说:在昨天的大风雨里,一只载着旅客的小船失事了,大家落在水里,风浪又大,实在危险之极!当时的乘客中,会游泳的小明,赶快游到岸边,不问别人怎样,自己上岸来休息,他当然是平安了。鲁直也会游泳,却帮助那些不会游泳的,把他们一个个地救上岸来。鲁直辛苦极了,鼓起勇气来救人,最后才上岸来休息。同学们见到这消息,都称赞鲁直好!

老师说:"是呀!鲁直的精神真伟大!我们学佛的,也是这样呢!我们在生死大海中,如只顾自己离苦得乐,虽然他精进修行,解脱生死,但不过是小乘罢了。小乘圣者的功德,当然是很好的,但不能说是圆满。因为众生都在生死苦海里,怎么可以专顾自己,不同情众生的苦恼呢?所以如想救自己,又想救众生,而且想先救众生,这才是大乘,菩萨心肠。发大心而修菩萨行的,等到功德圆满了,就成为佛。地藏菩萨说:地狱未空,誓不成佛。《楞严经》说:有一众生未成佛,终不于此取涅槃。菩萨先救众生的精神,才是最圆满的,所以大家要学菩萨!"

三·四　发大心

一位小沙弥,代师父提着衣包,跟在师父后面,一起赶路。沙弥一面走,一面想:"大乘法普度众生,像佛那样的功德圆满,真是再好也没有了! 我应该发大心,修菩萨行,求成佛道才是。"他的师父是一位得道的小乘圣人,知道了他的心念,就说:"把衣包给我,你在我前面走!"沙弥就把衣包交给师父,在师父的前面走了! 沙弥忽然想:"成佛真是不容易的事,要修难行苦行,要修很久很久才成佛呢! 我看,还是修小乘法,早些了生死吧!"师父知道了他的心念,就说:"把衣包拿着,跟在我后面走!"沙弥又照话做了。

沙弥想:"师父要我在前面走,一下又要我在后;自己要拿衣包,一下又要我拿,真是老糊涂呢!"师父知道了他的心念,就说:"你想发大心,修大行,那你就是菩萨了;菩萨当然应该在我前面走。你一下又退了小心,又不想成佛,那你就是小乘的凡夫,这当然要跟在后面拿衣包了! 我没糊涂,你这样的朝三暮四,才真是糊涂呢!"沙弥听了,惭愧得很,向师父忏悔。从此,一定要立志修菩萨行,决不退悔;宁可为大众忍苦耐劳,不敢专顾自己了!

三·五　跛子与瞎子

某处人家,人都因事出去了,只有跛子与瞎子二人,留在家里看守。房屋忽然失了火，跛子见了，大叫起来，可是不会走路，着急也没用。瞎子能走路，却不知道火在哪里，向哪里逃才好！二人急中生智，合作起来。瞎子背着跛子，跛子指导方向，由瞎子背着走路，这才逃出了这所火宅。

这个譬喻，是说什么呢？六道轮回里的众生，到底是些什么？经佛的慧眼分析起来，不是别的，只是"五蕴"、"六处"、"六界"。这些名词的内容，总之不外乎说：众生只是心识与色身（肉体）的总合活动。没有身体，心识是不能活动的。没有心识，那色身也就成为尸身，不再是活泼泼的众生了。所以我们这个（色）身、心（名）的组织，色身由于心识的活动，而心识也由于色身的活动，谁也离不了谁。这正像离了跛子，瞎子就不知道向哪里走；没有瞎子，跛子也走不动。彼此互相合作，才能认识，能行动。所以，不要以为我们只是物质的身体而已。我们有精神，也有肉体，二者的互相结合，才成为活生生的众生。

三·六 六　度

修习大乘法，主要是修习六度。

一、布施度：拿财物来供养三宝，救济贫穷，出钱出力，为了利益别人，甚至不惜身命。如见了他人有了忧苦恐怖，要安慰他，劝导他，使他心地平安。还有，办教育文化，发扬佛法，启发人的正确知识，使他能向上进修，完成人格，成贤成圣。二、持戒度：立身行事，处处要守法，不犯杀、盗、邪淫等罪恶。同时，一切善事，凡利益众生的事业，都应该去做。总之，不应该做的不去做,应该做的不可不做。三、忍辱度:忍耐,是坚定意志,不因环境的刺激而改变。如忍受寒热饥渴等苦;忍受怨敌的讥讽、侮辱、欺骗,或者打骂伤害。坚定自己的意志,才能完成学佛的大事业。四、精进度:为了离恶行善,身心所有的努力。五、禅定度:精神集中,养成身心的高度能力。六、智慧度:佛法的真理,先从听闻中去求了解,再经过审慎的思考,还要从笃行中去求实证,成就清净的大智慧。

布施能够度悭吝,持戒能够度毁犯,忍辱能够度嗔恚,精进可以度懈怠,禅定可以度散乱,智慧可以度愚痴。修习这六大法门,才能度一切苦厄,到达成佛的地步,所以叫六度。

三·七　商　主

一只满载货物的海船,商人们都上了船,在“商主”的领导下出发了。船上的船师不怀好意,想把商人们害死了,吞没满船的货物。这一谋财害命的计划被商主识破了,但这要怎么办呢?假使把这个坏消息告诉了商人们,那大家一定会愤怒起来,把船师害死,这不是使商人们犯了杀人的罪恶吗?假使不说,船师是会害死满船商人的;船师作的恶业可大了,一定要堕落地狱,受长久的苦报。这到底要怎么办呢?想来想去,商主觉得:还是由我来把船师杀了吧!这不但救了商人们的生命,也免得商人们作恶。对于船师,也把他从造作重罪、堕落地狱的边缘救了出来。虽然杀人是不应该的,但不能眼看别人的堕落而不救,还是自己去受苦吧!这样,商主想定了,一声不响地把船师杀了!

商主的杀死船师,是罪恶吗?会堕落吗?不会的。为了救护众生,不惜自己的堕落而杀生,这是伟大的同情,无上的福德!这是释迦牟尼佛前生的菩萨行。"我不入地狱,谁入地狱",释尊是这样的实践了。

三·八　鸠摩罗什

鸠摩罗什是生长在龟兹国(现今新疆省的库车县)而原籍是印度的大译师。七岁的时候,他跟他的母亲——龟兹王妹,一同出家,又跟他母亲到北印度的罽宾去修学。回来时,经过沙勒,就在那里遇到了大乘论师须利耶苏摩,从他学习了龙树的空宗。青年博学的名声,早就传遍了西域和中国。

当时,中国北方前秦王苻坚听说了,就派吕光带兵去攻打龟兹,邀请罗什来中国。可是,吕光攻破了龟兹,在回来的半路上,听说苻坚已经败亡了,吕光就自称凉王;罗什也只得跟着他,留在姑臧。一直到后秦王姚兴出兵迎请罗什,罗什才在西元四〇一年到达当时的秦都长安。罗什千辛万苦地到了中国,全国优越的法师们,如僧肇、道生他们,都集中到长安来,一面从罗什修学,一面协助罗什翻译。罗什传来了大乘的空宗,中国的大乘佛教才进入一新的阶段,不再与老、庄的思想混杂不清了。他翻译的经典,文词都是很通顺的,义理又不失原意,简洁明了。像《法华》、《金刚》、《弥陀经》等,最受信众们的欢迎,一直到现在。到七十岁,罗什才去世。遗骨藏在石塔里,现在还保存在西安(就是长安)城南,大家叫做"罗什塔"。

三·九　达摩与慧能

南天竺的达摩大师，宋代时从海道到南中国来。到梁代，他才渡过长江，到了北魏的京都——洛阳。他在嵩山少林寺，有"面壁九年"的传说，所以被称为"壁观婆罗门"。他是传授大乘禅的，不大注意经教，也不重视佛教的仪式。他专重修行，引用《楞伽经》来传授他的"宗门"——"直指人心，见性成佛"的法门。但法门太高深了，不容易修学，所以只传了慧可等少数人。

达摩的禅法，传到第五代，是唐代黄梅东山寺的弘忍，那时已经有相当发展了。岭南的卢慧能，到东山寺来，一面做工，一面参究。他是一位不学教、不识字，而专心参禅的人。但在一次考试中，他的"菩提本无树，明镜亦非台，本来无一物，何处惹尘埃"一偈，却得到了弘忍的赏识，被认为真得到了达摩的宗旨。慧能回到了南方，后来在曹溪山（南华寺）弘扬达摩"顿悟"的禅。从此，禅宗大盛起来，成为中国佛教最深彻、最有力量的一派。慧能被称为六祖，六祖在中国佛教界、中国文化界，都是起着最大影响的了不起的大师！

三·一〇　中国佛教的向外传布

大乘佛教在中国，不但深入了中国社会，而且还向国外传布。这又可分为两个时期：一、唐、宋以来，佛教从中国传到了日本、朝鲜（当时名为高丽、百济、新罗）、安南。那时中国佛教极盛,国家也非常强盛。日本、朝鲜的僧人,不断地到中国来留学,政府也特别的给他们便利。他们学成以后,就把佛法带回去。当然,中国僧人也有亲自传去的。凡传到日本、朝鲜、安南的,都是以华文翻译的佛经及中国古德的著述为根据,所以日本、朝鲜的佛教,都是中国的佛教。佛教在日本,成就很大,深刻地影响了日本的文化。不但保存了唐代传去的佛教教典及佛教艺术品,而且还能自创新的宗派,如日莲宗、真宗等。近代将大乘佛教传到美国,也还是日人的功绩。

　　二、明、清以来,由于华侨的海外移殖,中国的大乘佛教也就跟着出国,传到了泰、缅甸、星加坡、马来亚、菲律宾、印尼等地方。到现在,还只是华侨的佛教。以后应怎样的健全发展起来,使大乘佛教深入当地民间,中国佛教才能在这些地方生根。这点,应该是中国佛教徒的责任。

三·一一　十大行愿(上)

　　成佛是最究竟的,也就是最不容易的。但如能修习十大行愿,就会迅速地走上成佛的路。十大行愿是:

　　一、礼敬诸佛:我们要以身体的礼拜,或语言的恭敬,或内心的虔诚,来礼敬十方三世的一切佛。二、称赞如来:知道了佛的伟大功德,自然有不能不赞叹的真诚。从口头上、文字上来赞扬佛的功德,也就因此使人知道佛的功德。三、广修供养:要用上好的物品来供佛。特别是要照着佛说的去修行,去做利益众生的事。要将自己的身心,一切奉献于佛。四、忏悔业障:业障是受苦的因,所以要在佛菩萨前诚恳地忏悔,再不作恶业。五、随喜功德:佛、菩萨、小乘圣者的功德,就是平常人的些微善事,都要生欢喜心、赞叹心。六、请转法轮:十方佛初成佛时,要诚恳地请佛说法,救度众生,像天帝请佛说法一样。七、请佛住世:请佛多住在人间教化。如没人请求,佛就要入涅槃,世间就要陷入黑暗了。八、常随佛学:学佛,就应该以佛为师范。佛过去是怎样修学的,现在是怎样利益众生的,就应该跟佛去学习。九、恒顺众生:要存平等心,利益众生;开导他,救济帮助他。十、普皆回向:自己所有的一切功德,不能占为己有,要回向给众生,让大家同得利益,同成佛道。

三·一二　十大行愿(下)

十大行愿,出在《华严经》的《普贤行愿品》。现在摘录十颂,作为大家时常思念、时常诵习、时常发愿、时常实行的准绳。

"所有十方世界中,三世一切人师子,我以清净身语意,一切遍礼尽无余。各以一切音声海,普出无尽妙言辞,尽于未来一切劫,赞佛甚深功德海。以诸最胜妙华鬘,伎乐涂香及伞盖;如是最胜庄严具,我以供养诸如来。我昔所造诸恶业,皆由无始贪嗔痴,从身语意之所生,我今一切皆忏悔。十方一切诸众生,二乘有学及无学,一切如来与菩萨,所有功德皆随喜。十方所有世间灯,最初成就菩提者,我今一切皆劝请,转于无上妙法轮。诸佛若欲示涅槃,我悉至诚而劝请,唯愿久住刹尘劫,利乐一切诸众生。我随一切如来学,修习普贤圆满行。我愿普随三世学,速得成就大菩提。悉除一切恶道苦,等与一切众生乐。我常随顺诸众生,圆满无上大菩提。所有礼赞供养佛,请佛住世转法轮,随喜忏悔诸善根,回向众生及佛道。"

四·一　当来下生弥勒佛

元旦,寺院里举行弥勒法会,大家称念"当来下生弥勒佛",祈求弥勒佛的下生。

弥勒佛降生时,我们这个世界,政治与宗教,都达到了理想。政治方面:这个世界,轮王出世,成了人间净土。在五戒与十善的德化政治下,不依赖武力与刑罚,大家都过着和乐的生活、守法的生活。人口很多,物产非常丰富,所以大家过着繁荣的生活。一切贫穷的,孤独的,老弱的,都得到了幸福。政治修明的和平与繁荣,如没有道德上的进修,鞭策向上,那就无可避免地要变成奢侈淫佚、腐化堕落的生活。在这方面,弥勒下生,在龙华树下成佛,不断地宣扬佛法,救度无数的众生。凡在龙华法会见佛闻法的,都不会受物欲的诱惑而堕落。有的能生人间或天国;有的更进一步,能修出世法,解脱生死;能发菩提心,自利利他,修福修慧,学大乘法而将来成佛的,也着实不少。

生在这个世界里,佛教徒要求些什么?要求在贤明的政治下,过着幸福的生活;更要求在佛法的熏陶下,得到自利利他、向上进步的功德。弥勒佛下生,能实现这两大理想,所以新年第一日,大家来举行弥勒法会,祝祷弥勒的诞生。而"龙华三会喜相逢",更成为佛教徒一般的愿望了！现在世界这么苦乱,佛法又不大兴盛,大家应怎样迫切地来祈求弥勒佛的下生。

四·二　青狮与白象

文殊菩萨骑着青毛狮子;普贤菩萨却坐在六牙白象上。这是什么意思呢？浅一些来说吧！狮子是"百兽之王",是最勇悍的,不怕一切而毅然前进的。大乘的佛菩萨,不畏艰苦,不畏魔障,精进勇猛的自救救他,正像狮子一样。同时,狮子不畏一切,而一切兽类都怕它。它如吼叫起来,被形容为"百兽脑裂"。兽类都潜藏起来,谁也不敢响了。这比喻佛菩萨的说法,是决定的、无畏的,一切外道教说,都就此销声匿迹了。狮子有这精进与无畏的德性,所以拿狮子来代表这种精神。佛所坐的座位,也就称为"狮子座"。佛也被称为"人(中的)狮子"了！

六牙白象是象王。象在印度,叫做"那伽",译做象,也译做龙。"大力龙象",说明了它的坚忍与强毅。象能荷负人类,也能载运货物,力量极大。这譬如佛与菩萨,担当得了救度众生的大事。在战争中,象是一往直前,不畏敌军的刀箭火毒的。这譬如佛与菩萨,在生死苦难中度众生,什么苦难也能忍受得了。还有,野象本是极凶暴的,但一经训练,就能忍苦负重,比什么都温柔。这等于烦恼充满的人类,一经佛法的修习,就能柔和坚忍,能担任自利利他的重任,所以说"如调龙象";而大德的法师,也被称誉为"法门龙象"了！

文殊菩萨智慧第一,为一最杰出的说法师,所以坐着青狮。

普贤菩萨大行大愿,所以坐着白象。我们见到青狮与白象,不但知道文殊与普贤的特长,也就会明白大乘佛教的精神了。

四·三　舍利塔与佛像

释尊涅槃以后,弟子们举行了隆重的火葬典礼。从此,释尊的身相音声,再也不能见闻了!但是世人对于释尊的崇敬有加无已,所以火化剩余的佛舍利(骨分),由八大国王均分供养。到了阿育王时,又取出八王供养的佛舍利,分散而藏在塔里(塔的意思是高显,与坟的意义相近),名为舍利塔。据说:阿育王造了八万四千塔,分送到佛教世界的每一教区,让佛弟子供养恭敬。我国宁波阿育王寺的舍利塔,就是八万四千塔之一。

释尊去忉利天宫为母说法的时候,一住三个月,优填王忆念释尊得很,特请精巧的技工,用牛头栴檀木雕了一尊释迦佛的圣像。但佛涅槃不久,对于佛像的供养并不兴盛;大家都供养舍利塔,就是供养释尊的遗体。等到信众更多了,教区更广了,雕塑的艺术也发达了,佛灭五世纪后,塑造佛像的风气才一天天盛起来,成为寺院的主要法物,受到信众的瞻仰崇拜。

无论是舍利的崇敬,佛像的崇敬,而佛像又不论是雕的、塑的、铸的、画的、绣的,都是为了纪念佛的大悲大智,救人救世,为黑暗的人间开启了光明。崇仰佛的功德,所以依舍利及佛像的形式,来表示我们对佛的敬慕。佛弟子们的舍利,也可以建塔供养。不过我国的习惯,特别尊重舍利中的坚固颗粒,名为舍利子。而菩萨、罗汉、祖师们的像,也一样受到尊敬。

四·四　四谛（上）

佛法的大纲，不出乎四谛。

一、"苦"：我们有了这个身心组合的个体，就不能没有苦了。对自己的身心来说，就有生苦、老苦、病苦、死苦。对人及众生的关系来说，就有恩爱别离苦、怨嗔聚会苦。对外物的取用来说，就有求不得苦。因为世间的一切，都是无常变化的，不稳定的，不永久的，所以好事也不能满足，何况不如意的事！这当然就成为各式各样的苦了。各式各样的苦痛，根本就是我们自己，我们这个身心的组合。有了这个，怎能没有苦呢？

二、"苦之集"：说到苦的原因，主要是内心的烦恼。烦恼多得很，贪呀，嗔呀，痴呀，慢呀，还有种种的不良心理。但其中，一切都为自己着想，从"我见"而来的自私自利，要算最根本了。为自己着想，就处处起爱着——爱着自己，爱着与自己有关的一切。有了爱着，苦就来了。譬如树上的枯叶落下，你觉得无所谓，这就因为你没有爱着它。如这是你心爱的花，忽然被折落了，那你说不定就会跳起来，哭出来，时常想起而心里难过。现生的事情是这样，来生也是那样。因为内心有了爱着，说话做事，都会留下一种束缚自己的力量。这种能招感来生苦果的力量，叫做业。有了烦恼、业，生死的苦痛就会延续下去。这像油灯一样，不断地加油，换上灯芯，灯光也就会一直延续下去。

四·五　四谛（下）

三、"苦之灭"：修学佛法，达到了没有烦恼、没有苦痛，那种证悟的境界，叫做灭，也就是涅槃。但是，如生来就瞎眼的人不能了解光明是什么，从来离不了生死大苦的众生，也就不能想像到没有生死的涅槃（灭）到底是怎样的。不过可以方便说明的，涅槃是：没有动乱，就是平静；没有苦痛，就是安乐；没有变化，就是永恒；没有束缚，就是自由；没有黑暗，就是光明。还可以从比喻来了解，涅槃像乌云散了而日光遍照，暴风定了而波平如镜一样。总之，这是解脱苦痛的"寂灭"。

四、"灭苦之道"：灭除苦痛的道，是八正道。最重要的是"正见"。对于世间的一切，知道有善也有恶，有业也有报，有前生也有后世，有凡夫也有圣人。这样的世间，更知道它是变化无常的、苦的；凡是无常与苦的，就是空的、无我的。这样的认识，成为坚定的见解，叫正见。更加以深刻的思想，内心要求它实现，叫"正思惟"。内心既有了正确的见解、要求实现的思想，那就在身体的行为上、语言文字的说明上、经济生活上，一定会成为正确的，叫做"正业"、"正语"、"正命"了。有了正确的内心、正确的外行，努力去修习，叫"正精进"。对于正见，念念不忘，叫"正念"。念念不忘，到达了心意的集中，就叫"正定"。在正定中，正见就成为清净的智慧，能觉悟空无我的真理，能断除我见、贪爱等烦恼。这样，就能得到解脱众苦的涅槃寂灭了。

四·六　玄　奘

唐代玄奘大师,到印度去求佛法,一共十九年。取回了大量的佛经与佛像;翻译了七十五部、一千三百三十卷的经论,译笔谨严而又能畅达。在中国佛教史上,玄奘为一最伟大的旅行家、最杰出的翻译家。

为了到印度去求法,玄奘是不惜身命的,他冒着偷渡出境的国法,逃过玉门关五烽的危险。在沙漠中、雪山上、丛林里,受过说不尽的苦难。一次,迷了路,渴得几乎死过去。又一再遇到盗匪,险些儿身命不保。但在佛光的护庇下,到底克服了艰苦,完成了求法的弘愿。经过高昌时,国王麴文泰,苦苦地留住他,愿意供养一生,拜为高昌的国师。玄奘为了求法,坚决地谢绝了。回来后,唐太宗又劝他还俗,为国家服务。为了翻译佛经,玄奘又坚决地辞却了。放下一切,不贪名利,献身于佛法的修学与翻译,充分表现了洁身为道的精神。

玄奘在西域与印度时,一面求法,一面弘法,留下了良好的声誉。在曲女城的大法会中,玄奘的大乘论义,使印度的外道与小乘论者都不敢出来论难,得到了论义胜利的无上光荣! 玄奘去世后,高宗为他辍朝五日表示哀悼,叹为"吾失国宝"。真的,玄奘不但是佛教的光辉,也是国家的瑰宝。一九五五年冬天,玄奘的舍利(骨)从日本奉还中国时,在台湾引起的欢迎热烈场面,使人想起了死时百万人送葬的传说。玄奘为佛法的精诚,将永远为中国佛教徒的典型!

四·七　大乘八宗

中国的佛教,到了隋唐时代,发达到顶点,在理论及修行的方法上,有大乘八宗的创立。

一、三论宗:这是依罗什三藏所译的《中论》、《百论》、《十二门论》为宗的。隋、唐间的嘉祥吉藏大师,为本宗的大成者。三论宗的教义,最近于印度龙树菩萨的法门。二、唯识宗:这是依玄奘所出的《成唯识论》为宗的。玄奘弟子慈恩窥基大师所传授的,称为一宗的正统。唯识宗的教义,最近于印度无著与世亲菩萨的法门。三、律宗:这是专重戒律的。唐终南山道宣律师弘扬《四分律》,为本宗最著名的律师。四、密宗:这是依唐开元三大士——善无畏、金刚智、不空三藏所译的《大日经》、《金刚顶经》等为宗。五、禅宗:这是由达摩大师传来,经唐慧能发扬光大的宗派。六、净土宗:依净土三经——《无量寿经》、《观无量寿经》、《阿弥陀经》,及《往生净土论》而成立。唐光明善导大师提倡称名念佛,求生极乐世界,可说是本宗最主要的大师。七、天台宗:依龙树的法门而发扬起来的,特别推重《法华经》,隋天台智者大师,为本宗的大成者。八、贤首宗:依世亲的法门而发扬起来的,特别推重《华严经》,唐贤首法藏国师,为本宗的大成者。

在这大乘八宗里,天台与贤首,在教义上,富有中国的思想方式,为极圆融、最广博的学派。禅宗与净土宗,也成立于中国,为最简易的两大注重实行的学派。台、贤、禅、净,足以代表中国的大乘佛教。

四·八　爱护动物的商讨(上)

爱真姊：

　　读了你的来信，使我非常的欢喜；因为我俩的意见虽多少有点出入，但大致是很接近的。佛法的爱护动物，主要是出于慈悲的同情。这一点，你相当赞成，这可见你生性是很慈悲的！但是你为了身体健康起见，认为人类还不能不肉食。这一理由，我认为是值得好好商讨一下的。

　　维持人类生存的热量，主要从米、麦等植物中得来。蛋白质，在牛乳与豆类中，是太丰富了。各种维他命、矿质，在新鲜的蔬果中特别多。脂肪，可从植物油与酥酪中得到。而且淀粉质，也是会化成脂肪的。在科学的研究起来，并没有非从肉类获得的营养成分。那么，为了健康起见，有慈悲心、能同情护生的你，为什么还要肉食呢？曾经有科学的证实：母亲如有严重的忧郁、苦痛、悲愤的心情，乳汁就会起变化，婴儿吃了就容易患病。你想：在牛羊等被残杀时，不一样的悲痛苦恼到极点吗？吃了它的血肉，难道不会增长人身的毒素吗？肉食者的病比较多，也许原因就在这里。残害生命而吃它的血肉，不但是不合理的，而且是不必要的。不过古人曾过着佃猎及游牧生活，养成了肉食的习惯，一直流传下来。到了这农业、工业极发达的现代，还不肯痛下决心地戒绝。真姊！你觉得是吗？

弟觉民上

四·九　爱护动物的商讨(下)

爱真姊：

　　爱护动物的主张,得到你来信的赞同,我真要感谢你,你想我是怎样的欢喜呀！但说到有害人类的动物,你认为不能让它危害人类。这里,我想贡献一点意见,作为你仔细研究的参考,这一定是你所欢喜的。

　　生物界的互相残杀,某些动物的有害于人类,这都是事实。然而,人类毕竟是伟大的！他要减少杀害,要改造互相杀害的悲惨事实。因为杀,并不是解决问题的办法。人类是伟大的！不但知道爱护有益于人类的动物;就是对人类有害的,也不作无意义的杀害,而采取避免的方法。如蚊虫,我们知道,只要清理水池与水沟,不蓄积污水,蚊虫就会减少了。门窗装起铅纱,眠床挂起蚊帐,蚊虫就不会扰害我们了。反之,蚊虫是杀不完的。杀虫药用久了,虫类的抗毒性增强,再也不大有用了。人类是伟大的！不但与善良的动物相处,也能与凶恶的动物共处。如动物园与马戏班,狮、虎、毒蛇等,都会被驯养了的。人能爱护它,它就会与你亲爱起来。有道的修行人,凭着仁慈的精神,就会有"降龙(蛇)伏虎"的本领。要知道虫兽伤害人类,起初都是为了自卫。人类真能爱护生物,化戾气为祥和,那就会实现中国古书所说的"至德之世,鸟雀之巢,可攀援而窥","百兽舞于庭"的境界。

　　儒家说"仁民而爱物",佛法说"护生"。这是人类伟大德性的高度表现。本着这种优良的德性，努力去学习护生，才算尽了人的本分，发挥出人性的伟大。

弟觉民上

四·一〇　热诚护法的法琳

中国佛教，在和平自由的发展中，也曾受过不断的障难。古代最著名的，就是"三武一宗"的法难。三武，是魏太武帝、北齐武帝、唐武宗；一宗是周世宗。这都是由于帝王的急功好利，而又听信了道教徒的谗谤所致。但毁寺、戮僧、焚烧经像的暴政，并不能毁灭佛教，佛教都能很快地复兴起来。到清代，在洪杨的变乱中，佛教又受到了上帝教的破坏。

在每次教难中，都有护法大师出来，与暴政及外道对抗。法琳法师就是护法的典型人物。北朝以来，道教的活动加强；抄袭佛经，又攻讦佛教。法琳看到了这种情形，为了护持佛教，立下决心，还俗去作道士，专心学习道教的教典。然后重行出家，回到了佛教里来。恰巧，唐朝的帝王姓李，道教徒就说：道教的教主李老君（老子），就是皇家的祖先。血统不纯的国王，也就乐得攀上一门教主作祖宗。道教攀上了帝王的关系，就凭借政治力量，随时有毁谤佛教、欺压佛教的行动。法琳站了出来，写了一部《破邪论》，又一部《辨正论》，寻根究底，批评道教的种种迷信，种种非法，献给当时的皇帝。这可得罪了皇帝，把他拘禁起来，几乎要杀他。但法琳为了佛法，决不屈服。他虽然受到被流放的刑罚，但到底伸张了正义。坚强护法的精神，使佛教受到甚大的鼓励,更坚决地发扬起来。

四·一一　中国佛教的近代大师

元明以来的中国佛教,渐渐地衰落下来,特别是受了洪杨的破坏以后。到近代,又出了好多大法师,中国佛教这才又渐渐地兴隆起来。

在近代的大师中,起初住普陀山,后来长住灵岩山的印光大师,提倡"敦伦尽分,念佛往生",使弘扬净土的念佛道场到处兴盛起来,普及民间,对一般在家的佛弟子,起着非常的影响。宁波观宗寺的谛闲大师,是近代天台宗的法将。他改建了观宗寺,成立了弘法社,培养出好多弘扬天台宗的法师,使天台宗普遍到各方。弘一大师,持律精严,过着闲云野鹤般的生活。他对于律学的研究非常切实,又常用他的墨宝来结法缘,对于闽南一带的佛教,给了多少影响。还有,太虚大师是鼓吹革新中国佛教的大师,对于中国佛教会,尽了最大的努力。他的思想博大融通,著作极多。他成立佛学院,培养僧青年,使佛教接近了近代的精神。他曾经游化日本、欧、美,访问过印度、锡兰、缅甸,努力发扬中国佛教,而注意到世界佛教徒的联系。

近代佛教的法将还很多,如圆瑛、慈舟等,都是能为佛教而奉献身心的大师。

四·一二　赞仰三宝之歌

我要赞仰佛陀! 佛陀的智慧开导我,慈悲救拔我,引我走向光明的前途。我生活在佛陀的恩威里,赞仰佛陀,归依佛陀,一直到究竟的福乐!

我要赞仰达磨!达磨的真理启迪我,善行护持我,使我走向光明的前途。我生活在达磨的恩威里,赞仰达磨,归依达磨,一直到常恒的福乐。

我要赞仰僧伽,僧伽的恩威感动我,方便警策我,帮我走上光明的前途。我生活在僧伽的恩威里,赞仰僧伽,归依僧伽,一直到无上的福乐!